PALABRES

Contes et poèmes
de l'Afrique noire et des Antilles

PALABRES

Contes et poèmes
de l'Afrique noire et des Antilles

Edited by   Rodney E. Harris
University of Massachusetts
at Boston

Norman R. Shapiro
Wesleyan University

Micheline Fort Harris
Boston University

Scott, Foresman and Company
Glenview, Illinois   Brighton, England

Cover Drawing by Jerry Hutchins

Library of Congress Catalog Card Number: 72-96879
ISBN: 0-673-07585-0

Regional offices of Scott, Foresman and Company are located in
Dallas, Texas; Glenview, Illinois; Oakland, New Jersey; Palo Alto,
California; Tucker, Georgia; and Brighton, England.

ACKNOWLEDGMENTS

The editors and publisher wish to thank the following sources for the use of their materials:

"Plainte d'une femme" by Okala Alene from *Neuf poètes camerounais* by Lilyan Kesteloot. © Éditions CLÉ, YAOUNDÉ, 1965. Reprinted by permission.

"Black Soul" by Jean-F. Brierre, originally published by Editorial Lex in 1947. Reprinted by permission.

"Totem," "A l'Afrique," and "Ode à la Guinée" by Aimé Césaire from *Cadastre*, Éditions du Seuil, 1961. Reprinted by permission.

"Pour saluer le Tiers Monde" by Aimé Césaire from *Ferrements*, Éditions du Seuil, 1960. Reprinted by permission.

"Le Crocodile et le Martin-pêcheur," "Araignée, mauvais père," and "La Lueur du soleil couchant" by Bernard Dadié from *Légendes africaines*, Seghers, 1954. Reprinted by permission.

"Les Lignes de nos mains" and "Je vous remercie mon Dieu" by Bernard Dadié from *La Ronde des jours*, Seghers, 1956. Reprinted by permission.

"Nouvelle Aurore," "Nous avons dansé," and "Mains" by Bernard Dadié from *Hommes de tous les continents*, Présence Africaine, Paris, 1967. Reprinted by permission.

"Yani-des-Eaux" by Léon Damas from *Présence Africaine*, Paris, N° 62 (2nd Quarterly 1967). Reprinted by permission.

"Solde," "Un Clochard m'a demandé dix sous," "En file indienne," "Trêve," "Si souvent," and "Hoquet" by Léon Damas from *Pigments*, Présence Africaine, Paris, 1962. Reprinted by permission.

"Piété filiale" by René Depestre from *Étincelles*, Imprimerie de l'État, 1945.

"Pour Haïti" and "Alabama" by René Depestre from *Journal d'un animal marin*, Seghers, 1964. Reprinted by permission.

"Les Dieux atomiques d'Omaha" by René Depestre from *Un Arc-en-ciel pour l'occident chrétien*, Présence Africaine, Paris, 1967. Reprinted by permission.

"Les Mamelles" and "Sarzan" by Birago Diop from *Les Contes d'Amadou Koumba*, Présence Africaine, Paris, 1961. Reprinted by permission.

"Le Taureau de Bouki" by Birago Diop from *Les Nouveaux Contes d'Amadou Koumba*, Présence Africaine, Paris, 1958. Reprinted by permission.

"Afrique," "Le Renégat," and "Rama Kam" by David Diop from *Coups de pilon*, Présence Africaine, Paris, 1956. Reprinted by permission.

"Exil" and "Festival" by Jocelyne Étienne have been previously unpublished. Used by permission of Jocelyne Étienne.

"Nostalgie" by François-Borgia Marie Evembé from *African Arts/Arts d'Afrique*, vol. I,

TO THE READER

For untold generations the peoples of Black Africa have expressed themselves in their *palabres*, those communal gatherings rich in discussion, wit, and dispute. Now, at long last, the rest of the world has come to take part in its own *palabre* with Africa and to appreciate the intellectual and artistic wealth of that once "Dark Continent." No less important today is the awareness of a literary life, so largely African in its heritage, that has been flourishing for over a century in the Caribbean.

As one of the languages common to a vast number of Africans and Antilleans alike, French enjoys a position of prominence on both sides of the Atlantic. In the present collection of tales and poems, we have chosen a representative sampling of the new African literature in French, and of its older Caribbean counterpart. In so doing we have selected only texts that could be given in their entirety (necessarily excluding much excellent material in novels, plays, and lengthier poems), in the belief that fragments, while useful for linguistic study, frustrate a serious artistic appreciation.

This volume has been prepared for use as early as the third semester of college French, or its secondary school equivalent. Facing-page definitions and grammatical explanations are generously supplied and repeated, as needed, to facilitate the student's task and to avoid an end vocabulary. To reach the broadest student public possible, these explanations, as well as the literary and historical introductions, are given in English. Hoping, however, to encourage maximum use of French in oral and written exercises, the questions on the texts— both specific and general, corresponding to two levels of difficulty— are in that language.

Among the numerous persons who have aided us in the preparation of this volume, we wish to thank the following authors for their assistance: Jean-F. Brierre, Aimé Césaire, Bernard Dadié, Jocelyne Étienne, Léon Laleau, René Philombe, and Léopold Sédar Senghor. Moreover, we are especially indebted to our many students whose suggestions and classroom reactions to the material have been our ultimate guide.

R.E.H.   N.R.S.   M.F.H.

CONTENTS

Introduction 1

Contes 5

Birago Diop
Les Mamelles 9
Sarzan 23
Le Taureau de Bouki 47

Bernard Dadié
Le Crocodile et le Martin-pêcheur 65
Araignée, mauvais père 73
La Lueur du soleil couchant 83

Léon Damas
Yani-des-Eaux 93

Yambo Ouologuem
La Gloire de la ruse de l'Empereur du Nakem 111

Poèmes 121

Quatre poètes haïtiens 123

Léon Laleau
Cadences nègres 125
Prière 125
Hérédités 127
Trahison 129

Jean-F. Brierre
Black Soul 131

René Depestre
Piété filiale 139
Pour Haïti 143
Alabama 145
Les Dieux atomiques d'Omaha 147

Frantz Leroy
Profession de foi 157

Les Initiateurs de la négritude   161

Léopold Sédar Senghor
   In Memoriam   165
   Femme noire   167
   Tout le long du jour . . .   169
   Joal   169
   Le Totem   171
   Une Main de lumière . . .   173

Léon Damas
   Solde   177
   Un Clochard m'a demandé dix sous   179
   En file indienne   181
   Trêve   183
   Si souvent   185
   Hoquet   185

Aimé Césaire
   Totem   195
   A l'Afrique   197
   Ode à la Guinée   199
   Pour saluer le Tiers Monde   201

Autour du grand triumvirat   209

Bernard Dadié
   Les Lignes de nos mains   211
   Je vous remercie mon Dieu   213
   Nouvelle Aurore   215
   Nous avons dansé   219
   Mains   223

Guy Tirolien
   Invitation à boire   231
   Prière d'un petit enfant nègre   231
   Adieu «Adieu Foulards»   235

Malick Fall
    Trêve   241
    Écoliers   241
    Les Fumeurs   243
    Trait d'union   245

Une Génération de jeunes   249

David Diop
    Afrique   253
    Le Renégat   255
    Rama Kam   255

René Philombe
    Civilisation   259
    Élégie à l'Afrique   261
    Prière tellurique   263

Okala Alene
    Plainte d'une femme   267

Jocelyne Étienne
    Exil   269
    Festival   269

François-Borgia Marie Evembé
    Nostalgie   273

Yambo Ouologuem
    A mon mari   275

Charles Ngandé
    Indépendance   279
    Nous partirons   283

Bibliographie sommaire   287

ANTILLES

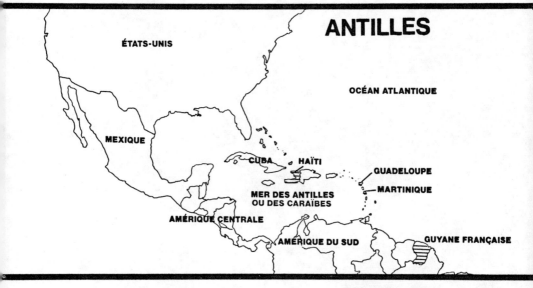

ÉTATS-UNIS

OCÉAN ATLANTIQUE

MEXIQUE

CUBA   HAÏTI

GUADELOUPE

MARTINIQUE

MER DES ANTILLES
OU DES CARAÏBES

AMÉRIQUE CENTRALE

AMÉRIQUE DU SUD

GUYANE FRANÇAISE

AFRIQUE

MAROC   TUNISIE

IFNI

ALGÉRIE

SAHARA
ESPAGNOL

LIBYE

RÉP. ARABE UNIE (ÉGYPTE)

MAURITANIE

MALI

NIGER

SÉNÉGAL

TCHAD

T.F.A.I.*

GAMBIE

HAUTE-
VOLTA

SOUDAN

SOMALIE

GUINÉE BISSAU

GUINÉE

NIGERIA

ÉTHIOPIE

SIERRA LEONE

LIBERIA

CÔTE D'IVOIRE

GHANA

TOGO

DAHOMEY

CAMEROUN

CENTRAFRIQUE

OUGANDA

Equateur

GUINÉE ÉQUATORIALE

GABON

KENYA

RUANDA

BURUNDI

CONGO-BRAZZAVILLE

CABINDA

ZAÏRE

TANZANIE

MALAWI

ANGOLA

ZAMBIE

MOZAMBIQUE

MADAGASCAR

RHODÉSIE

SUD-OUEST AFRICAIN

BOTSWANA

SWAZILAND

AFRIQUE DU SUD

LESOTHO

*TERRITOIRE FRANÇAIS
DES AFARS ET DES ISSAS

ANCIENNES
COLONIES FRANÇAISES

INTRODUCTION

Abundance and diversity; tradition and modernism; exuberance, passion, and a sense of racial pride: these are the striking characteristics of contemporary Black French letters, a literature often militant and individualistic, but nonetheless universal in its basic concerns. Added to these varied and sometimes contradictory tendencies is the fact that this literature is the work of writers from diverse backgrounds. Although the Blacks of the "Diaspora"—Haitians, Martinicans, Guadeloupeans, Guianans—share many traits with their African confreres, their works have been inspired by their own particular geographical, cultural, and political conditions.

The civilizations of Black Africa reach back into antiquity; but while they evolved a rich oral tradition—which figures prominently in the new literature—they produced almost no written work before the twentieth century, mainly because most African languages possessed no alphabetic transcription. Consequently, when African writers began to create their respective literatures, they were led to use the language of the colonists—the imposed, "official" language, the only language taught in the schools. This was especially the case in the French colonies of West and Equatorial Africa, which had been organized in the closing years of the nineteenth century.

Across the Atlantic, in the Antilles as well as in North America, Africans transplanted by the slave trade had, in the course of a few centuries, lost all contact with Africa, while yet preserving many of the traits and customs of their distant homeland. In the French colonies they created a common idiom, Creole, composed of deformed European words and African derivatives. Here too, French was the official language, and for a long time it remained the only language that was written. In Haiti, despite the fact that since 1804 the island had been politically independent, the patriotic and lyric literature that developed throughout the nineteenth century was an imitation of French forms, and was written in the French language. It was the humiliation of the American occupation, which lasted from 1915 to 1934, that led young Haitians to self-awareness and to a sense of their racial past. The literature of Haiti became more inventive

1

and less dependent on French standards, particularly under the influence of Dr. Jean Price-Mars. In *Ainsi parla l'oncle* (1928), this great Haitian ethnologist urged Blacks to stop considering themselves "castoffs of humanity, with no history, no ethics, no religion," and he encouraged Black writers to take their subject matter from the rich inherited African tradition and from Haiti itself. Such was an early evidence of *négritude* even before the term was coined.

At about the same time, a similar attitude was forming in the French colonies of Black Africa and the Lesser Antilles—or more precisely, among their young students who had gathered in the Paris of the thirties. It was the moment when the first generation of Black youth, formed in the colonial schools, had reached university age and had come, often on scholarship, to study in France. They had been taught the supremacy of the old European culture; in Europe they found something quite different: a civilization in upheaval. Fascism and communism were vying in the political arena; the surrealistic revolution was being proclaimed in literature; and in the plastic arts, painters and sculptors were discovering Africa, and especially her masks. What is more, Paris was at that time a meeting place for Blacks from around the world, including Haitian intellectuals and such Americans of the Negro Renaissance as Langston Hughes, Countee Cullen, and Claude MacKay.

Such a climate of political and intellectual ferment favored new ideas. In 1932 a group of angry young Antilleans founded *Légitime Défense*, a review whose only issue amounted to a manifesto. Based on both a dialectical materialist and surrealist viewpoint, *Légitime Défense* preached revolt against the capitalist system that subjugates the world's Blacks and rejection of everything "generally described by the name of Western Civilization." It spoke out violently against the servile imitation and the bourgeois affectation that then characterized Antillean literature and offered instead the encouraging example of the Negro Renaissance: "Let us hope that the wind now rising in Black America will soon sweep our Antilles clean of the stunted fruits of a decrepit culture."

If the review scandalized the pro-French Antillean bourgeoisie, it aroused the enthusiasm of the young Black students in Paris, three of whom were eventually to give new vigor to its message: Léopold Sédar Senghor from Senegal, Aimé Césaire from Martinique, and Léon-Gontran Damas from Guiana.[1] The group that formed around these three was important primarily because it brought Africans and Antilleans together and made them aware of common ties: "One ceased being basically a student from Martinique, Guadeloupe, Guiana, Africa, Madagascar, and became only a Black student, all one and the same."[2]

[1] On these poets, see pages 7, 161–63.
[2] L. Damas, quoted in L. Kesteloot, *Les Écrivains noirs de langue française* (Brussels: Université Libre de Bruxelles, 1963), p. 91.

L' Étudiant Noir was the name chosen for a review they launched in 1934. Like *Légitime Défense*, it included numerous social and political articles, but its orientation, marked especially by Senghor's influence, was primarily literary and artistic. Senghor helped the young men of his group discover the wealth and originality of traditional African poetry and art. At the same time, the writings of the French ethnologist, Maurice Delafosse, and especially the French translation of *The History of African Civilization* by the German, Leo Frobenius, dispelled preconceptions concerning the barbarous, primitive character of Africa's inhabitants by highlighting its illustrious precolonial past. But the writings of scholars, whatever effect they might have had on students, did little to alter the political reality: the Black world continued to be colonized, and Blacks, even in France, a country theoretically free of racism, were often scorned. It was against these inequities that young writers would direct their impassioned attack.

When Césaire coined the word *négritude* from *nègre*, he transformed a pejorative term into an affirmation. We may prefer Senghor's definition: "the totality of Black African cultural values," or Césaire's more comprehensive: ". . . . awareness of being Black, the simple recognition of a fact implying acceptance, responsibility of one's Black destiny, history and culture."[3] In both cases *négritude* is presented as a concept that unites all Blacks in a common effort of moral rehabilitation and liberation. Though produced in the thirties, long before the period of political independence, the Negritude Movement certainly helped bring about that independence. The literature of the movement—and this is perhaps its most salient characteristic—is a militant literature. Revolt against colonialism and its degrading consequences; faith in Africa, in its vital strength, in its future; the dream of universal brotherhood—these are some of the themes treated by each author in his own way. Deliberately simple and satiric with Damas, poetic expression becomes learned and more consciously cultivated with Senghor, and especially with Césaire, in whose work a wide intellectual background is fused with surrealistic qualities.

Since 1945, when their work began to be known and when they became eminent in the politics of their respective countries, these three writers have exerted an increasingly strong influence on Black intellectuals. Their influence is especially marked in poetry and works inspired by folklore and tradition. The dissemination of Black letters and ideas was facilitated by the establishment of a "revue culturelle du monde noir," *Présence africaine*, whose first issue appeared in December 1947. Its founder was the Senegalese writer Alioune Diop and its list of sponsors included, with Césaire and Senghor, the names of Camus, Gide, Sartre, and Richard Wright. In 1950 the review gave birth to a publishing house. Since that

[3]Kesteloot, *op. cit.,* p. 113.

time, *Présence africaine* has organized several international congresses of Black writers, and in 1965, in Dakar, it sponsored the first World Festival of Black Arts.

The controversy surrounding this festival was similar to that raised by the concept of *négritude*. Some see *négritude* as an essentially Western attitude, influenced by Western culture and its ethnologists, and as such, merely another form of colonialism. Others reproach what they consider to be its overemphasis on the values of the past. Indeed, thirty years have gone by since the birth of the movement, thirty years during which conditions have changed, especially since 1960 and the colonies' accession to independence. The literatures of Black Africa have become increasingly individual, reflecting the everyday human, social, political, and economic problems peculiar to each nation, each ethnic group, and, indeed, each writer.

But the problems of Black Africa as a whole, as well as its relations with the Western cultures of Europe and America on the one hand and with the Eastern nations on the other, have not been forgotten. The same may be said for the literature of the Antilles, which, by their historical and geographical position, seem, symbolically, to form a link between Africa and the Occident. In short, even when today's African and Antillean authors write from personal and rather limited experience, they continue to deal with subjects of concern to every segment of the Black world, subjects that not infrequently attain a universality that goes beyond all question of color.

CONTES

From mythic narratives that tell of the creation of the world, to simple proverbs that relate human wisdom, the oral tradition held—and in many African countries still holds—the position of a literature at once esoteric and popular, didactic and diverting. Elaborated eponymic myths, as well as the local legends retold at village gatherings and celebrations, are often carried down from generation to generation. Yet despite their repetition they have not atrophied: their vitality has been maintained by the perpetual reinterpretation of different storytellers. In Africa, story-telling is a well-developed art, and one which is practiced to some degree by everyone. But there are also professionals, such as the *griots* of West Africa, who combine the arts of mime, poet, and musician. Through them, the story can become a total theatrical experience in which the audience actively participates with questions and comments, rhythmic movements, and choral repetitions.

Although African folktales, by their supernatural elements and moral didacticism, bear a similarity to the stories and legends of all countries, the similarity is only superficial. Supernatural beings and natural elements endowed with life are not mere ornaments used to strike the imagination in the African tradition; they are expressions of deep religious beliefs, such as animism. Léopold Sédar Senghor thus explains the absence of clear distinctions among the various forms of nature in Birago Diop's stories: "Everything is alive, everything has a soul: the star, the animal, the plant, the pebble."

Ethnologists have clearly recognized the importance of African folktales. Collected and studied, the stories have yielded much cultural information. For the Western reader, a number of collections have been made available in translation, from Blaise Cendrars' *Anthologie nègre* in 1921 to *Légendes africaines*, edited in 1968 by the Congolese poet Gérald-Félix Tchicaya U Tam'si, to name but two in French. The latter has expressed regret that the change from the "spoken fact" to the "written fact" has caused the tales to lose some of their original flavor, especially when they are trans-lated "into the language of another type of civilization."

There is less to fear from such a distortion in the tales presented here, since their authors are not merely translators. While remaining faithful to the tale as they have heard it told, they have, thanks to their knowledge of the capacities of the French language, transformed it into a work of literature. In their own way, they are professional *griots*.

Birago Diop was born in Dakar, Senegal, in 1906. Following his *lycée* education, he was awarded a scholarship to study veterinary medicine at Toulouse. During a training period in Paris in 1933, he met Léopold Sédar Senghor, who introduced him into the group of the *Étudiant Noir* (see p. 3). A year later, Diop returned to Africa and began the practice of his profession, settling first in Kayes, in the Sudan (present-day Mali). It was there he met the old storyteller, Amadou Koumba, his family's *griot*. Between 1939, when he was recalled for military service, and 1942, when he was discharged, Diop was in France. In that country he met Léon Damas, who encouraged him to write. He first gained recognition for his *Contes d'Amadou Koumba*, published in 1947, and was awarded the Grand Prix Littéraire de l'Afrique Occidentale Française in 1949. In the collection's title, Diop acknowledged his debt to the old storyteller. Returning to Africa, Birago Diop resumed his veterinary practice in Senegal, but at the same time continued his writing. The *Nouveaux Contes d'Amadou Koumba* appeared in 1958. In 1960 Diop was appointed Senegalese Ambassador to Tunisia. The same year saw the publication of *Leurres et lueurs*, a collection of his poems, some of which date from his youth. More stories appeared in 1963, under the title of *Contes et lavanes*.

"Les Mamelles" and "Sarzan," two of the tales printed here, are from Diop's first collection. "Les Mamelles" is a mythical and didactic tale, no less rich in its poetic quality. It was included, not surprisingly, in Senghor's *Anthologie de la nouvelle poésie nègre et malgache* (1947). "Sarzan" is more justly called a short story, since it relies more on personal experience than on the narratives of the old *griot*. "Le Taureau de Bouki," from the *Nouveaux Contes d'Amadou Koumba*, relates one of the adventures of the little rabbit, Leuk, who pits his cleverness against the deceit of the stupid hyena, Bouki. The frequent reappearance of these two characters in the animal tales constitutes a cycle comparable to the medieval *Roman de Renart*.

Bernard Dadié was born in 1916 in Assinie, near Grand-Bassam in the Ivory Coast. After primary school, he spent three years at the École Normale William Ponty in Senegal. During the period from 1936 to 1947, when Dadié was a government employee in Dakar, he developed an enthusiasm for African folklore. He later became a teacher in the Ivory Coast and began to play an important part in the political life of the country. From 1960 to the present, Dadié has held various governmental positions,

first of which was Minister of Information. Since 1963 he has been Direc-
tor of Arts and Research. The creation of an important center for dramatic
art in the Ivory Coast was due to his efforts.

While fulfilling the demands of his career, Bernard Dadié has also man-
aged to devote himself to the profession of letters, as poet, playwright,
novelist, and essayist. His poetic work (see p. 209) comprises several
volumes: *Afrique debout*, which appeared in 1950; *La Ronde des jours*, in
1956; and *Hommes de tous les continents*, in 1967. Following *Climbié* (1956),
an autobiographical novel, Dadié's travels in France and the United
States provided material for another novel, *Un Nègre à Paris* (1959), and
an essay, *Patron de New-York* (1964). Keenly interested in theatre since his
days at the École Normale, Dadié wrote and directed his first play,
Assémien Déhylé, in 1936 in Dakar. His comedy, *Monsieur Thôgô-gnini*, per-
formed with great success at the Festival Culturel d'Alger in 1969, was
published in 1970. He continues actively writing for the theatre.

Bernard Dadié's interest in the folklore of his country resulted in the
publication of two books of tales collected under the titles *Légendes
africaines* (1954) and *Le Pagne noir* (1955). Although each of the three tales
presented here (all three from *Légendes africaines*) contains traditional ele-
ments, they differ somewhat in tone. The satiric spirit dominates in "Le
Crocodile et le Martin-pêcheur," while "La Lueur du soleil couchant" is
rich in poetic observation. "Araignée, mauvais père" relates one of the
many adventures of that very popular character of the wooded countries of
western Africa. As there is a Leuk cycle in Senegal, the Ivory Coast has its
romance of the Spider. Dadié uses him as the hero of two other tales of the
Légendes africaines, and under the name of Kakou Ananzé, he becomes the
main character in ten of the sixteen stories in *Le Pagne noir*. Araignée's rep-
utation—his bad reputation, for Araignée is very wicked—is widespread.
We find Ananzé, dubbed Anansi, in Caribbean folklore, and again, curi-
ously transformed as Bre'r Nancy, in Jamaica.

The importance of **Léon Damas** as a poet and promoter of the Negritude
Movement is discussed in the section "Poèmes" (see p. 162). He has been
equally interested in his country's folklore, and as early as 1943, he pub-
lished a collection of Guianan tales, *Veillées noires*. The more recent
"Yani-des-Eaux" appeared in 1967 in *Présence africaine* (no. 62). It is a tale
in which the themes of the sea and of racial intermingling, so characteris-
tic of Guiana and the Antilles, blend with suggestions of vaguely remem-
bered African beliefs and legends.

"La Gloire de la ruse de l'Empereur du Nakem" is a story that does not
belong to the traditional definition of the *conte;* instead, it represents the
younger generation's critical and satiric treatment of traditional attitudes.
Its author, **Yambo Ouologuem**, born in Mali in 1940, was a brilliant

student of literature and sociology in Paris, and is presently pursuing a most promising literary career.

Following a few articles and poems, Yambo Ouologuem published *Le Devoir de violence* (1968), a fictionalized chronical which won that year's Prix Renaudot and succeeded in shocking the African reading public by its controversial presentation of African history. Also published in 1968, his satirical essay, *Lettre à la France nègre*, exhibits a virulent and sarcastic style and attacks hypocrisy, both African and European.

"La Gloire de la ruse de l'Empereur du Nakem" first appeared in the review *Afrique littéraire et artistique* (no. 1, October 1968). It gives a glimpse into Ouologuem's manner, revealing behind a solemn, sometimes pompous façade, a tongue-in-cheek parody of the traditional historic tale.

A poem by the same author appears on page 275.

      mamelle (f.) breast
3   **bouché** *here:* closed, blocked off
      roux russet (cf. *rouge*)
4   **en allés** gone, left (This verbal phrase is used adjectivally as past participle of *s'en aller*.)
      savane (f.) tropical grassland
5   **dépouiller** to bare
6   **ensevelir** to bury
      mécréant (m.) infidel
7   **tisserand** (m.) weaver (cf. *tisser*)
      arriver à to succeed in
      égrener *here:* to remove the seeds
9   **grelotter** to shiver
      gourd numb
10 **débiter** *here:* to chop
12 **chevaucher** to ride (cf. *le cheval*)
      sautiller to jump about, to leap (cf. *sauter*)
13 **sentier** (m.) path
15 **fendre** to split (*la fente* slit)
16 **feu-follet** (m.) will-o'-the-wisp
      las tired
22 **effacé** *here:* subdued

Birago Diop

Les Mamelles

Quand la mémoire va ramasser du bois mort, elle rapporte le fagot qu'il lui plaît[1]...

L'horizon bouché m'encercle les yeux. Les verts de l'été et les roux de l'automne en allés, je cherche les vastes étendues de la savane et ne trouve que les monts dépouillés, sombres comme de vieux géants abattus que la neige refuse d'ensevelir parce qu'ils furent sans doute des mécréants... 5

Mauvais tisserand, l'hiver n'arrive pas à égrener ni à carder son coton; il ne file et tisse qu'une pluie molle. Gris, le ciel est froid, pâle, le soleil grelotte; alors, près de la cheminée, je réchauffe mes membres gourds...

Le feu de bois que l'on a soi-même abattu et débité semble plus chaud 10 qu'aucun autre feu...

Chevauchant les flammes qui sautillent, mes pensées vont une à une sur des sentiers que bordent et envahissent les souvenirs.

Soudain, les flammes deviennent les rouges reflets d'un soleil couchant sur les vagues qui ondulent. Les flots fendus forment, sur le fond qui fuit, 15 des feux-follets furtifs. Las de sa longue course, le paquebot contourne paresseusement la Pointe des Almadies[2]...

— Ce n'est que ça, les Mamelles? avait demandé une voix ironique à côté de moi...

Et oui! Ce n'était que ça, les Mamelles, le point culminant du Sénégal. A 20 peine cent mètres d'altitude. J'avais dû le confesser à cette jeune femme qui avait été si timide et si effacée au cours de la traversée, que je n'avais pu résister à l'envie de l'appeler Violette. Et c'est Violette qui demandait, en se moquant, si ce n'était que ça, les Mamelles, et trouvait mes montagnes trop modestes.

25

[1]Comme le faisait Amadou Koumba, Birago Diop met dans ses contes des proverbes et des sentences où, dit-il, « s'enferme la sagesse des ancêtres » (Les Contes d'Amadou Koumba [Paris: Présence Africaine, 1961], p. 11).
[2]Pointe des Almadies   Cap près de Dakar.

1 **j'avais eu beau lui dire** It had been useless for me to tell her
3 **n'en pensait pas moins** thought nevertheless
4 **faire des frais** to put oneself out, to go to great expense (*les frais* expenses)
  doter to endow (*la dot* dowry)
  moussu moss-covered (cf. *la mousse*)
7 **miette** (f.) crumb, morsel
8 **j'ai su** I found out (*Savoir* is often used in the past tenses with the meaning "to find out," "to learn.")
9 **bosse** (f.) hump
  presqu'île (f.) peninsula (cf. *l'île*)
11 **s'abîmer** *here:* to be swallowed up (*l'abîme* abyss)
14 **liane** (f.) liana, climbing vine
19 **malveillant** spiteful
23 **aigre** sour; shrill
26 **puits** (m.) well
  il lui en serait resté encore she would still have had left (Note the impersonal use of the pronoun *il*.)
27 **outre** (f.) goatskin bottle
29 **bossu** hunchback (cf. *la bosse*)
30 **camisole** (f.) short blouse
  empeser to starch
33 **tinter** to resound

J'avais eu beau lui dire que plus bas, puisqu'elle continuait le voyage, elle trouverait le Fouta-Djallon,[3] les Monts du Cameroun, etc., etc. Violette n'en pensait pas moins que la nature n'avait pas fait beaucoup de frais pour doter le Sénégal de ces deux ridicules tas de latérites,[4] moussus ici, dénudés là...   5

Ce n'est que plus tard, après ce premier retour au pays, bien plus tard, qu'au contact d'Amadou Koumba, ramassant les miettes de son savoir et de sa sagesse, j'ai su, entre autres choses, de beaucoup de choses, ce qu'étaient les Mamelles, ces deux bosses de la presqu'île du Cap-Vert,[5] les dernières terres d'Afrique que le soleil regarde longuement le soir avant de   10 s'abîmer dans la Grande Mer...

Quand la mémoire va ramasser du bois mort, elle rapporte le fagot qu'il lui plaît...

Ma mémoire, ce soir, au coin du feu, attache dans le même bout de liane mes petites montagnes, les épouses de Momar et la timide et blonde   15 Violette pour qui je rapporte, en réponse, tardive peut-être, à son ironique question, ceci que m'a conté Amadou Koumba.

Lorsqu'il s'agit d'épouses, deux n'est point un bon compte.[6] Pour qui veut s'éviter souvent querelles, cris, reproches et allusions malveillantes, il faut trois femmes ou une seule et non pas deux. Deux femmes dans une   20 même maison ont toujours avec elles une troisième compagne qui non seulement n'est bonne à rien, mais encore se trouve être la pire des mauvaises conseillères. Cette compagne c'est l'Envie à la voix aigre et acide comme du jus de tamarin.[7]

Envieuse, Khary, la première femme de Momar, l'était. Elle aurait pu   25 remplir dix calebasses[8] de sa jalousie et les jeter dans un puits, il lui en serait resté encore dix fois dix outres au fond de son cœur noir comme du charbon. Il est vrai que Khary n'avait peut-être pas de grandes raisons à être très, très contente de son sort. En effet, Khary était bossue. Oh! une toute petite bosse de rien du tout, une bosse qu'une camisole bien empesée   30 ou un boubou[9] ample aux larges plis pouvaient aisément cacher. Mais Khary croyait que tous les yeux du monde étaient fixés sur sa bosse.

Elle entendait toujours tinter à ses oreilles les cris de « Khary-khougué! Khary-khougué! » (Khary-la-bossue!) et les moqueries de ses compagnes

---

[3] *Fouta-Djallon* Massif montagneux de la Guinée.
[4] *latérite* Roche de couleur rouge brique.
[5] *Cap-Vert* Péninsule qui forme l'extrême pointe occidentale du Sénégal, à ne pas confondre avec les îles portugaises du Cap-Vert.
[6] La tradition musulmane permet à chaque homme d'épouser quatre femmes.
[7] *tamarin* Fruit du tamarinier, grand arbre tropical.
[8] *calebasse* Grosse courge (*gourd*), séchée et vidée, utilisée comme récipient. On donne aussi ce nom à des pots en terre cuite, destinés à contenir des liquides.
[9] *boubou* Large chemise flottante, portée comme vêtement de dessus.

4   **griffer** to claw (cf. *la griffe*)
5   **boucle** (f.) **d'oreille** earring
6   **tout son saoul** to one's heart's content (*saoul* drunk; also commonly spelled *soûl*)
10   **améliorer** to improve
11   **aigrir** to sour (cf. *aigre*)
     enjamber to step over (cf. *la jambe*)
12   **humeur** (f.) mood
     sa bossue de femme his hunchbacked wife (Note the idiomatic use of *de* between
        two nouns in apposition, to emphasize the first.)
16   **à plus forte raison** all the more so
     labour (m.) ploughing (cf. *labourer*)
22   **escompter** *here:* to anticipate
     il n'en fut rien but such was not the case
24   **honnête** *here:* decent, self-respecting
     on eût dit = on aurait dit
25   **teinturière** (f.) dyer (cf. *teindre, la teinture*) The masculine *teinturier* is also com-
        monly used.
     foulard (m.) kerchief
31   **téter** to be suckled
34   **demeure** (f.) household
35   **s'évertuer** to strive
36   **ménage** (m.) household
37   **vanner** to winnow
     piler to grind (*le pilon* pestle)
     mil (m.) millet

de jeu du temps où elle était petite fille et allait comme les autres, le buste nu; des compagnes qui lui demandaient à chaque instant si elle voulait leur prêter le bébé qu'elle portait sur le dos. Pleine de rage, elle les poursuivait, et malheur à celle qui tombait entre ses mains. Elle la griffait, lui arrachait tresses et boucles d'oreilles. La victime de Khary pouvait crier et 5 pleurer tout son saoul; seules ses compagnes la sortaient, quand elles n'avaient pas trop peur des coups, des griffes de la bossue, car pas plus qu'aux jeux des enfants, les grandes personnes ne se mêlent à leurs disputes et querelles.

Avec l'âge, le caractère de Khary ne s'était point amélioré, bien au 10 contraire, il s'était aigri comme du lait qu'un génie a enjambé,[10] et c'est Momar qui souffrait maintenant de l'humeur exécrable de sa bossue de femme.

Momar devait, en allant aux champs, emporter son repas. Khary ne voulait pas sortir de la maison, de peur des regards moqueurs, ni, à plus 15 forte raison, aider son époux aux travaux de labour.

Las de travailler tout le jour et de ne prendre que le soir un repas chaud, Momar s'était décidé à prendre une deuxième femme et il avait épousé Koumba.

A la vue de la nouvelle femme de son mari, Khary aurait dû devenir la 20 meilleure des épouses, la plus aimable des femmes — et c'est ce que, dans sa naïveté, avait escompté Momar — il n'en fut rien.

Cependant, Koumba était bossue, elle aussi. Mais sa bosse dépassait vraiment les mesures d'une honnête bosse. On eût dit, lorsqu'elle tournait le dos, un canari[11] de teinturière qui semblait porter directement le foulard 25 et la calebasse posés sur sa tête. Koumba, malgré sa bosse, était gaie, douce et aimable.

Quand on se moquait de la petite Koumba-Khoughé du temps où elle jouait, buste nu, en lui demandant de prêter un instant le bébé qu'elle avait sur le dos, elle répondait, en riant plus fort que les autres: « Ça m'éton- 30 nerait qu'il vienne avec toi, il ne veut même pas descendre pour téter. »

Au contact des grandes personnes, plus tard, Koumba qui les savait moins moqueuses peut-être que les enfants, mais plus méchantes, n'avait pas changé de caractère. Dans la demeure de son époux, elle restait la même. Considérant Khary comme une grande sœur, elle s'évertuait à lui 35 plaire. Elle faisait tous les gros travaux du ménage, elle allait à la rivière laver le linge, elle vannait le grain, et pilait le mil.[12] Elle portait, chaque jour, le repas aux champs et aidait Momar à son travail.

Khary n'en était pas plus contente pour cela, bien au contraire. Elle

---

[10]Allusion à une superstition populaire. Selon certaines croyances africaines, les génies, êtres surnaturels, bons ou mauvais, interviennent constamment dans la vie des humains.
[11]*canari* Tout récipient en terre cuite.
[12]*piler le mil* Un des travaux de la paysanne africaine. Le mil est une céréale à très petits grains. Après avoir été pilé, le mil est utilisé, sous forme de bouillie (*porridge*), pour la nourriture.

1   **acariâtre** bad-tempered
    tant l'envie est une gloutonne so true it is that envy is a glutton
2   **se repaître** to feed on (*paître* to graze)
    mets (m.) food, dish
6   **grognon** cantankerous, peevish (*grogner* to growl, grumble)
8   **biner** to hoe
    sarcler to weed
9   **se blottir** to huddle, cower
11 **bouillie** (f.) porridge (*bouillir* to boil)
27 **marmite** (f.) large covered pot
30 **blesser** to wound (cf. *la blessure*)
33 **cousait** imperfect indicative of *coudre* (to sew)

était, beaucoup plus qu'avant, acariâtre et méchante, tant l'envie est une gloutonne qui se repaît de n'importe quel mets, en voyant que Koumba ne semblait pas souffrir de sa grosse bosse.

Momar vivait donc à demi heureux entre ses deux femmes, toutes deux bossues, mais l'une, gracieuse, bonne et aimable, l'autre, méchante, 5 grognonne, et malveillante comme des fesses à l'aurore.[13]

Souvent, pour aider plus longtemps son mari, Koumba emportait aux champs le repas préparé de la veille ou de l'aube. Lorsque binant ou sarclant depuis le matin, leurs ombres s'étaient blotties sous leurs corps pour chercher refuge contre l'ardeur du soleil, Momar et Koumba s'arrêtaient. 10 Koumba faisait réchauffer le riz ou la bouillie, qu'elle partageait avec son époux; tous deux s'allongeaient ensuite à l'ombre du tamarinier qui se trouvait au milieu du champ. Koumba, au lieu de dormir comme Momar, lui caressait la tête en rêvant peut-être à des corps de femme sans défaut.

Le tamarinier est, de tous les arbres, celui qui fournit l'ombre la plus 15 épaisse; à travers son feuillage que le soleil pénètre difficilement, on peut apercevoir, parfois, en plein jour, les étoiles; c'est ce qui en fait l'arbre le plus fréquenté par les génies et les souffles, par les bons génies comme par les mauvais, par les souffles apaisés et par les souffles insatisfaits.[14]

Beaucoup de fous crient et chantent le soir qui, le matin, avaient quitté 20 leur village ou leur demeure, la tête saine. Ils étaient passés au milieu du jour sous un tamarinier et ils y avaient vu ce qu'ils ne devaient pas voir, ce qu'ils n'auraient pas dû voir: des êtres de l'autre domaine, des génies qu'ils avaient offensés par leurs paroles ou par leurs actes.

Des femmes pleurent, rient, crient et chantent dans les villages qui sont 25 devenues folles parce qu'elles avaient versé par terre l'eau trop chaude d'une marmite et avaient brûlé des génies qui passaient ou qui se reposaient dans la cour de leur demeure. Ces génies les avaient attendues à l'ombre d'un tamarinier et avaient changé leur tête.

Momar ni Koumba n'avaient jamais offensé ni blessé, par leurs actes ou 30 par leurs paroles, les génies; ils pouvaient ainsi se reposer à l'ombre du tamarinier, sans craindre la visite ni la vengeance de mauvais génies.

Momar dormait ce jour-là, lorsque Koumba, qui cousait près de lui, crut entendre, venant du tamarinier, une voix qui disait son nom; elle leva la tête et aperçut, sur la première branche de l'arbre, une vieille, très 35 vieille femme dont les cheveux, longs et plus blancs que du coton égrené, recouvraient le dos.

— Es-tu en paix, Koumba? demanda la vieille femme.

---

[13]Cette comparaison semble indiquer que le fait de voir des fesses (*buttocks*) à l'aurore est de mauvais augure dans la superstition locale.
[14]Les souffles (les esprits des morts) peuvent être apaisés grâce à certains rites accomplis par les vivants de leur famille.

5	**argile** (f.) clay
6	**battre son plein** to be at its height
12	**case** (f.) hut
17	**endiablé** frenzied (*le diable* devil)
20	**étourdir** to deafen
21	**tourbillon** (m.) whirl
	se relayer to take turns
23	**pagne** (m.) type of loincloth
32	**tresser** to braid (cf. *la tresse*)
34	**frotter** to rub
36	**fiel** (m.) gall, bile
38	**motte** (f.) lump

— En paix seulement,[15] Mame (Grand'mère), répondit Koumba.

— Koumba, reprit la vieille femme, je connais ton bon cœur et ton grand mérite depuis que tu reconnais ta droite de ta gauche. Je veux te rendre un grand service, car je t'en sais digne. Vendredi, à la pleine lune, sur la colline d'argile de N'Guew, les filles-génies danseront. Tu iras sur la colline lorsque la terre sera froide. Quand le tam-tam battra son plein, quand le cercle sera bien animé, quand sans arrêt une danseuse remplacera une autre danseuse, tu t'approcheras et tu diras à la fille-génie qui sera à côté de toi:

— Tiens, prends-moi l'enfant que j'ai sur le dos, c'est à mon tour de danser.

Le vendredi, par chance, Momar dormait dans la case de Khary, sa première femme.

Les derniers couchés du village s'étaient enfin retournés dans leur premier sommeil, lorsque Koumba sortit de sa case et se dirigea vers la colline d'argile.

De loin elle entendit le roulement endiablé du tam-tam et les battements des mains. Les filles-génies dansaient le sa-n'diaye,[16] tournoyant l'une après l'une au milieu du cercle en joie. Koumba s'approcha et accompagna de ses claquements de mains le rythme étourdissant du tam-tam et le tourbillon frénétique des danseuses qui se relayaient.

Une, deux, trois... dix avaient tourné, tourné, faisant voler boubous et pagnes... Alors Koumba dit à sa voisine de gauche en lui présentant son dos:

— Tiens, prends-moi l'enfant, c'est à mon tour.

La fille-génie lui prit la bosse et Koumba s'enfuit.

Elle courut et ne s'arrêta que dans sa case, où elle entra au moment même où le premier coq chantait.

La fille-génie ne pouvait plus la rattraper, car c'était le signal de la fin du tam-tam et du départ des génies vers leurs domaines jusqu'au prochain vendredi de pleine lune.

Koumba n'avait plus sa bosse. Ses cheveux finement tressés retombaient sur un cou long et mince comme un cou de gazelle. Momar la vit en sortant le matin de la case de sa première épouse, il crut qu'il rêvait et se frotta plusieurs fois les yeux. Koumba lui apprit ce qui s'était passé.

La salive de Khary se transforma en fiel dans sa bouche lorsqu'elle aperçut, à son tour, Koumba qui tirait de l'eau au puits; ses yeux s'injectèrent de sang, elle ouvrit la bouche sèche comme une motte d'argile qui attend les premières pluies, et amère comme une racine de sindian,[17]

[15]Cette question et sa réponse sont traditionnelles en guise de salutation dans une grande partie de l'Afrique occidentale.
[16]*sa-n'diaye* Danse frénétique de l'esprit Kouss-le-lutin et des génies.
[17]*sindian* Racine amère, utilisée en médecine et dont le goût rappelle celui de la quinine.

1   **s'évanouir** to faint
2   **ramasser** to pick up
3   **masser** to massage (cf. *le masseur*)
4   **être remis sur pied** to be cured
7   **se débarrasser de** to get rid of
9   **traîner** *here:* to dawdle
     tout le long du jour all day long
10   **s'attarder** to delay (cf. *tard*)
11   **faire paître** to put out to pasture (cf. *se repaître*)
16   **la première nuit** the first part of the night
20   **souplesse** (f.) litheness (cf. *souple*)
24   **bourdonner** to buzz (*le bourdon* bumblebee)
27   ***haletant** breathless (**haleter* to pant, gasp)
33   **ce disant = en disant cela**
     plaquer to clap on
40   **supporter** *here:* to endure, to bear
41   **retrousser** to pull up

* An asterisk is used throughout to indicate an aspirate *h*.

mais il n'en sortit aucun son, et elle tomba évanouie. Momar et Koumba la ramassèrent et la portèrent dans sa case. Koumba la veilla, la faisant boire, la massant, lui disant de douces paroles.

Quand Khary fut remise sur pied, échappant à l'étouffement par la jalousie qui lui était montée du ventre à la gorge, Koumba, toujours bonne 5 compagne, lui raconta comment elle avait perdu sa bosse et lui indiqua comment elle aussi devait faire pour se débarrasser de la sienne.

Khary attendit avec impatience le vendredi de pleine lune qui semblait n'arriver jamais. Le soleil, traînant tout le long du jour dans ses champs, ne paraissait plus pressé de regagner sa demeure et la nuit s'attardait 10 longuement avant de sortir de la sienne pour faire paître son troupeau d'étoiles.

Enfin ce vendredi arriva, puisque tout arrive.

Khary ne dîna pas ce soir-là. Elle se fit répéter par Koumba les conseils et les indications de la vieille femme aux longs cheveux de coton du 15 tamarinier. Elle entendit tous les bruits de la première nuit diminuer et s'évanouir, elle écouta naître et grandir tous les bruits de la deuxième nuit. Lorsque la terre fut froide, elle prit le chemin de la colline d'argile où dansaient les filles-génies.

C'était le moment où les danseuses rivalisaient d'adresse, de souplesse et 20 d'endurance, soutenues et entraînées par les cris, les chants et les battements de mains de leurs compagnes qui formaient le cercle, impatientes elles aussi de montrer chacune son talent, au rythme accéléré du tam-tam qui bourdonnait.

Khary s'approcha, battit des mains comme la deuxième épouse de son 25 mari le lui avait indiqué; puis, après qu'une, trois, dix filles-génies entrèrent en tourbillonnant dans le cercle et sortirent haletantes, elle dit à sa voisine:

— Tiens, prends-moi l'enfant, c'est à mon tour de danser.

— Ah non, alors! dit la fille-génie. C'est bien à mon tour. Tiens, garde- 30 moi celui-ci que l'on m'a confié depuis une lune entière et que personne n'est venu réclamer.

Ce disant, la fille-génie plaqua sur le dos de Khary la bosse que Koumba lui avait confiée. Le premier coq chantait au même moment, les génies disparurent et Khary resta seule sur la colline d'argile, seule avec ses deux 35 bosses.

La première bosse, toute petite, l'avait fait souffrir à tous les instants de sa vie, et elle était là maintenant avec une bosse de plus, énorme, plus qu'énorme, celle-là! C'était vraiment plus qu'elle ne pourrait jamais en supporter. 40

Retroussant ses pagnes, elle se mit à courir droit devant elle. Elle courut des nuits, elle courut des jours; elle courut si loin et elle courut si vite qu'elle arriva à la mer et s'y jeta.

1   **engloutir** to swallow up
3   **surplomber** to jut out over

Mais elle ne disparut pas toute. La mer ne voulut pas l'engloutir entièrement.

Ce sont les deux bosses de Khary-Khougué qui surplombent la pointe du Cap-Vert, ce sont elles que les derniers rayons du soleil éclairent sur la terre d'Afrique. 5

Ce sont les deux bosses de Khary qui sont devenues les Mamelles.

QUESTIONS

1. Quel est le sens du premier proverbe? Quel est l'effet produit par sa répétition à la fin de l'introduction (page 11, lignes 12–13)?
2. Comment est développée la comparaison entre l'hiver et un tisserand? Relevez d'autres comparaisons.
3. Quel effet est obtenu par les allitérations (page 9, lignes 15–16)?
4. Comment l'auteur a-t-il pu connaître la véritable histoire des Mamelles?
5. Pour qui Birago Diop raconte-t-il l'histoire?
6. Expliquez le proverbe: « Lorsqu'il s'agit d'épouses, deux n'est pas un bon compte. »
7. Quelles sont les caractéristiques morales et physiques de Khary et de Koumba?
8. Pourquoi Momar a-t-il pris une seconde épouse? Pourquoi a-t-il choisi une autre bossue?
9. Comment l'auteur présente-t-il l'Envie?
10. Quelles sont les différentes occupations d'une femme africaine à la campagne?
11. Qu'est-ce qui fait du tamarinier un arbre exceptionnel?
12. Comment l'auteur montre-t-il que les génies sont toujours mêlés à la vie des humains?
13. Pourquoi la vieille femme-génie veut-elle rendre service à Koumba?
14. Décrivez la rencontre entre Koumba et les « filles-génies ».
15. Comment la bonté de Koumba s'oppose-t-elle encore une fois à la jalousie de Khary?
16. Montrez que la répétition de la même scène, au lieu d'être monotone, a une valeur dramatique.
17. Racontez la triste fin de Khary.
18. Quelle est la morale de ce conte?

SUJETS DE DISCUSSION

1. A quels domaines sont empruntées les comparaisons et les métaphores qui poétisent l'introduction du conte?
2. Comment l'auteur mêle-t-il, dans cette introduction, la sagesse traditionnelle et l'expérience vécue?

1	**s'amonceler** to be piled up (*le monceau* heap, pile)
	termitière (f.) termite mound
2	**coquille** (f.) shell (cf. *la coque*)
	autruche (f.) ostrich
	fêler to crack
	intempérie (f.) inclement weather (cf. *le temps*)
3	**piquet** (m.) post, stake
6	**trancher** to cut (*la tranche* slice)
7	**se soumettre** to give in
10	**culte** (m.) worship
	bouillie de mil millet porridge (see "Les Mamelles," p. 13, note 12)
11	**cailler** to clot
12	**rameau** (m.) branch
	fléau (m.) *here:* flail
13	**sève** (f.) sap
14	**essaimer** to cluster (*l'essaim* swarm). Here, the verb takes a direct object (*essaimer . . . des petits villages*).
16	**labourer** to plough (*le labour* ploughing, tillage)
	arachide (f.) peanut

3. Comment l'auteur a-t-il préparé, au début du conte, le « miracle » dont bénéficie Koumba?
4. Ce conte mythologique contient aussi une satire morale et une moralité: sont-elles uniquement africaines?
5. Pouvez-vous expliquer pourquoi L. S. Senghor a donné à ce conte une place dans son anthologie de poésie?
6. Si vous comparez ce conte aux contes de fées que vous avez pu lire, quelles ressemblances voyez-vous? Quels traits vous semblent proprement africains?

Sarzan

Les ruines s'amoncelaient indistinctes des termitières, et seule une coquille d'œuf d'autruche fêlée et jaunie aux intempéries, indiquait encore, à la pointe d'un haut piquet, l'emplacement du mirab[1] de la mosquée qu'avaient bâtie les guerriers d'El Hadj Omar.[2] Le conquérant toucouleur[3] avait fait couper les tresses et raser les têtes des pères de ceux qui sont maintenant les plus vieux du village. Il avait fait trancher le cou de ceux qui ne s'étaient pas soumis à la loi coranique.[4] Les vieux du village ont à nouveau leurs cheveux tressés. Le bois sacré que les talibés[5] fanatiques avaient brûlé, depuis longtemps a repoussé et abrite encore les objets du culte, les canaris[6] blanchis à la bouillie de mil ou brunis du sang caillé des poulets et des chiens sacrifiés.

Comme des rameaux tombés au hasard des fléaux, ou des fruits mûrs du bout des branches gonflées de sève, des familles s'étaient détachées de Dougouba pour essaimer plus loin des petits villages, des Dougoubani. Des jeunes gens étaient partis travailler à Ségou, à Bamako, à Kayes,[7] à Dakar; d'autres s'en allaient labourer les champs d'arachides du Sénégal

[1]*mirab* (ou *mihrab*) Niche pratiquée dans la muraille d'une mosquée et orientée dans la direction de La Mecque.
[2]Chef et prophète musulman né au Sénégal vers 1797, Omar, dit El Hadj après son pélerinage à La Mecque, proclama la Guerre Sainte en 1854. Avec l'appui des Toucouleurs, il étendit son autorité sur une partie de l'ancien Soudan. Repoussé par le général Faidherbe, puis vaincu, il se donna la mort en 1865.
[3]*Toucouleurs* Peuple du Sénégal et de la Guinée, fanatiques de religion musulmane.
[4]*coranique* Relatif au Coran, livre saint des Musulmans.
[5]*talibé* Étudiant et propagateur du Coran, disciple d'un marabout.
[6]Voir « Les Mamelles », p. 13, note 11.
[7]Il s'agit de trois villes de l'ancien Soudan, l'actuel Mali.

1   **récolte** (f.) harvest
     traite (f.) *here:* the selling of the harvest
6   **chef-lieu** (m.) chief town
     cercle (m.) *here:* district
8   **faire l'exercice** to drill (military)
9   **monter la garde** to mount guard
11   **en tournée** while making the rounds
13   **corps** (m.) **des garde-cercles** district messenger corps
14   **cadre** (m.) *here:* corps
21   **trou** (m.) *here (colloquial):* backwoods village
23   **camionnette** (f.) small truck (cf. *le camion*)
24   **caisse-popote** (f.) field kitchen (The colloquial noun *la popote* [cooking] is fre-
     quently used in military slang.)
     lit-picot (m.) camp bed (This word, like the preceding, is a peculiarly colonial
     term.)
25   **s'entasser** to be crowded together (*le tas* pile)
27   **gradé** (m.) noncommissioned officer
29   **tôle ondulée** corrugated sheet iron
30   **couche** (f.) layer
     argile (f.) clay
31   **sécheresse** (f.) drought (cf. *sec*)
32   **plaquer** to clap
33   **sillage** (m.) wake, track (*le sillon* furrow) (In its literal sense *sillage* refers to the
     wake of a ship.)
34   **cynocéphale** (m.) baboon
     biche (f.) doe
35   **calciné** burnt, charred
     ***haleter** to pant, gasp
36   **grouiller** to swarm

et s'en revenaient la récolte faite et la traite finie.[8] Tous savaient que la racine de leur vie était toujours à Dougouba qui avait effacé toutes traces des hordes de l'Islam et repris les enseignements des ancêtres.

Un enfant de Dougouba s'en était allé plus loin et plus longtemps que les autres: Thiémokho Kéita.

De Dougouba, il avait été au chef-lieu du cercle, de là à Kati, de Kati à Dakar, de Dakar à Casablanca, de Casablanca à Fréjus, puis à Damas. Parti soldat du Soudan, Thiémokho Kéita avait fait l'exercice au Sénégal, la guerre au Maroc, monté la garde en France et patrouillé au Liban. Sergent, il s'en revenait, en ma compagnie, à Dougouba.

En tournée dans ce cercle qui est au cœur du Soudan, j'avais trouvé, dans le bureau de l'Administrateur, le sergent Kéita qui venait d'être démobilisé et qui désirait s'engager dans le corps des garde-cercles ou dans le cadre des interprètes.

— Non, lui avait dit le Commandant de cercle. Tu rendras davantage service à l'Administration en retournant dans ton village. Toi qui as beaucoup voyagé et beaucoup vu, tu apprendras un peu aux autres comment vivent les blancs. Tu les « civiliseras » un peu. Tenez, avait-il continué, en s'adressant à moi, puisque vous allez par là, emmenez donc Kéita avec vous, vous lui éviterez les fatigues de la route et vous lui ferez gagner du temps. Voilà quinze ans qu'il était parti de son trou.

Et nous étions partis.

Dans la camionnette où nous occupions, le chauffeur, lui et moi, la banquette de devant, tandis que derrière, entre la caisse-popote, le lit-picot et les caisses de sérum et de vaccin, s'entassaient cuisiniers, infirmiers, aide-chauffeur et garde-cercle, le sergent Kéita m'avait raconté sa vie de soldat, puis de gradé; il m'avait raconté la guerre du Rif[9] du point de vue d'un tirailleur[10] noir, il m'avait parlé de Marseille, de Toulon, de Fréjus, de Beyrouth. Devant nous, il semblait ne plus voir la route en « tôle ondulée » faite de branches coupées et recouvertes d'une couche d'argile qui s'en allait maintenant à la chaleur torride et, à la grande sécheresse, en poussière, en une poussière fine et onctueuse qui plaquait sur nos visages un masque jaunâtre, craquait sous nos dents et cachait, dans notre sillage, les cynocéphales hurleurs et les biches peureuses et bondissantes. Il lui semblait, dans la brume calcinée et haletante, revoir les minarets de Fez, la foule grouillante de Marseille, les immenses et hautes demeures de France, la mer trop bleue.

[8]La production de l'arachide est à la base de l'économie du Sénégal. Sa culture nécessite une abondante main-d'œuvre et entraîne la migration saisonnière de travailleurs venus des pays voisins.
[9]*Rif* Chaîne montagneuse dans le nord du Maroc. Ses habitants s'étaient révoltés en 1920 contre la conquête franco-espagnole. L'Espagne, puis la France en 1925, ont mené une série de campagnes pour les soumettre.
[10]*tirailleur* Soldat des troupes d'infanterie, recrutées par la France hors de la métropole, parmi les populations indigènes.

6   **sourd** *here:* muffled
7   **case** (f.) hut
     sommé crowned, topped (cf. *le sommet*)
8   **bourdonner** to hum
9   **aigre** shrill
10   **lécher** to lick
     cime (f.) top
17   **tâter** to feel, touch
     molletière (f.) legging (*le mollet* calf of the leg)
18   **ride** (f.) wrinkle
     balafre (f.) scar
21   **chevroter** to speak in a trembling voice (*la chèvre* she-goat)
24   **épreuve** (f.) test, ordeal (cf. *éprouver*)
25   **ronflement** (m.) *here:* booming (*ronfler* to snore)
     sifflement (m.) whistling (cf. *siffler*)
28   **fouet** (m.) whip (cf. *fouetter*)
32   **cravache** (f.) riding whip (The reference here is to the branch of balazan used
     as a whip.)
33   **bourrelet** (m.) *here:* swelling
35   **ruisseler** to trickle (*le ruisseau* stream)
36   **tige** (f.) stalk
37   **grincer** to grate

A midi, nous étions au village de Madougou; la route n'était plus tracée, nous avions pris chevaux et porteurs pour arriver à Dougouba à la tombée de la nuit.

— Quand tu reviendras ici, avait dit Kéita, tu arriveras jusqu'à Dougouba en auto, car, dès demain, je vais faire travailler à la route.   5

Le roulement sourd d'un tam-tam avait annoncé l'approche du village; puis la masse grise des cases s'était détachée, sommée du gris plus sombre de trois palmiers, sur le gris clair du ciel. Sur trois notes, le tam-tam bourdonnait maintenant, soutenant la voix aigre d'une flûte. Des lueurs léchaient les cimes des palmiers. Nous étions dans Dougouba. J'étais   10
descendu le premier et demandai le Chef du village:

— Dougou-tigui (Chef de village), voici ton fils, le sergent Kéita.

Thiémokho Kéita avait sauté de son cheval. Comme si le bruit de ses souliers sur le sol avait été un signal, le tam-tam s'arrêta et la flûte se tut. Le vieillard lui prit les deux mains tandis que d'autres vieillards lui   15
touchaient les bras, les épaules, les décorations. De vieilles femmes accourues tâtaient à genoux ses molletières; et, sur les visages gris, des larmes brillaient dans les rides que traversaient des balafres,[11] et tous disaient:

— Kéita! Kéita! Kéita!...   20

— Ceux-là, chevrota enfin le vieillard, ceux-là, qui ont reconduit tes pas au village en ce jour, sont bons et généreux.

C'était en effet un jour qui ne ressemblait pas aux autres jours dans Dougouba. C'était le jour du Kotéba, le jour de l'Épreuve.

Le tam-tam avait repris son ronflement que perçait le sifflement aigu de   25
la flûte. Dans le cercle de femmes, d'enfants et d'hommes mûrs, les jeunes gens, torse nu, à la main une longue branche effeuillée de balazan,[12] souple comme un fouet, tournaient à la cadence du tam-tam. Au centre de ce cercle mouvant, le flûtiste, coudes et genoux à terre, lançait ses trois notes, toujours les mêmes. Au-dessus de lui, un jeune homme venait se   30
mettre, jambes écartées, bras étendus en croix, et les autres, en passant près de lui, faisaient siffler leur cravache; le coup tombait sur le buste, laissant un bourrelet gros comme le pouce, arrachant parfois la peau. La voix aigre de la flûte montait d'un ton, le tam-tam se faisait plus sourd, les cravaches sifflaient, le sang ruisselait, reflétant, sur le corps brun-noir,   35
la lueur des fagots et des tiges de mil sèches qui montait jusqu'aux cimes des palmiers, qu'un vent léger faisait grincer faiblement. Kotéba! Épreuve d'endurance, épreuve d'insensibilité à la douleur. L'enfant qui pleure en se faisant mal n'est qu'un enfant, l'enfant qui pleure quand on lui fait mal ne fera pas un homme.   40

---

[11]Chez beaucoup de peuples africains, les balafres peuvent avoir une signification spéciale, d'ordre religieux et social.
[12]*balazan* Arbre africain.

6   **aîné** (m.) elder
7   **des jours durant** for days on end
10 **peiner** to toil (cf. *la peine*)
13 **tremper** *here:* to harden
14 **devinette** (f.) riddle (cf. *deviner*)
18 **braise** (f.) embers
23 **pétrir** to knead
24 ***hacher** to chop
    pourrir to rot
    à l'épreuve de la pluie rain-proof
26 **corne** (f.) horn
    ficher to drive in (a nail, etc.)

Kotéba! Donne le dos, reçois le coup, tourne-toi et rends-le, Kotéba!
— C'est encore là des manières de sauvages!
Je me retournai; c'était le sergent Kéita qui venait de me rejoindre au
tam-tam.

Des manières de sauvages? Cette épreuve qui faisait, entre d'autres, les   5
hommes durs, les hommes rudes! Qui avait fait que les aînés de ces jeunes
gens pouvaient marcher des jours durant, d'énormes charges sur la tête;
qui faisait que lui, Thiémokho Kéita, et ses semblables, s'étaient battus
vaillamment là-bas sous le ciel gris où le soleil lui-même est très souvent
malade, qu'ils avaient peiné, sac au dos, supporté le froid, la soif, la faim.   10

Manières de sauvages? Peut-être bien. Mais je pensais qu'ailleurs, chez
nous, nous n'en étions même plus à la première initiation; que pour les
jeunes conscrits, « la-case-des-hommes »[13] n'existait plus où l'on trempait
le corps, l'esprit et le caractère; où les passines, devinettes à double sens,
s'apprenaient à coups de bâton sur le dos courbé et sur les doigts tendus,   15
et les kassaks,[14] les chants exerce-mémoire dont les mots et les paroles qui
nous sont venus des nuits obscures, entraient dans nos têtes avec la chaleur
des braises qui brûlaient les paumes de la main. Je pensais que nous n'y
avions encore rien gagné selon toute apparence, que nous avions peut-
être dépassé ceux-ci sans avoir rejoint ceux-là.   20

Le tam-tam bourdonnait toujours, soutenant la voix perçante de la
flûte. Les feux mouraient et renaissaient. Je regagnai la case qui m'était
préparée. Il y flottait, mêlée à l'odeur épaisse du banco, argile pétrie avec
de la paille hachée et pourrie qui la rendait, une fois sèche, à l'épreuve de
la pluie, une odeur plus subtile, celle des morts dont le nombre — trois —   25
était indiqué par des cornes fichées au mur à hauteur d'homme. Car, à
Dougouba, le cimetière aussi avait disparu et les morts continuaient à
vivre avec les vivants; ils étaient enterrés dans les cases.

Le soleil chauffait déjà, mais Dougouba dormait encore, ivre de fatigue
et de dolo[15] (les calebasses[16] de bière de mil avaient circulé de mains en   30
bouches et de bouches en mains toute la nuit) lorsque je repris le chemin du
retour.

— Au revoir, m'avait dit Kéita, quand tu reviendras ici, la route sera
faite, je te le promets.

Le travail dans d'autres secteurs et dans d'autres cercles ne me permit de   35
retourner à Dougouba qu'un an plus tard.

---

[13]Selon la coutume traditionnelle, les jeunes garçons sont séparés de leur famille et, réunis dans
une même habitation, sont préparés à l'initiation qui marque leur entrée dans l'âge adulte.
[14]En donnant les noms wolof (passines, kassaks) suivis de leur traduction périphrastique, Birago
Diop montre à la fois son attachement à ces exercices initiatiques et son désir d'être compris par
un large public.
[15]*dolo* Boisson alcoolique, et en particulier bière de mil.
[16]Voir « Les Mamelles », p. 11, note 8.

2   **gluant** sticky (*la glu* bird lime, glue)
    fendre *here:* to make one's way through
4   **marmaille** (f.) *(colloquial)* group of little children (The suffix *-aille* is generally
       pejorative.)
6   **roux** russet (cf. *rouge*)
    saillant protruding
10 **vareuse** (f.) army jacket
    déteindre to fade (*teindre* to tint)
    galon (m.) ornamental braid
13 **lambeau** (m.) shred, tatter
14 **képi** (m.) military cap
17 **volée** (f.) *here:* flock (of birds) in flight (cf. *le vol, voler*)
    moineau (m.) sparrow
    s'éparpiller to scatter
18 **piailler** to squeal
24 **rauque** rough, hoarse
30 **buisson** (m.) bush
    sanglot (m.) sob (cf. *sangloter*)

C'était la fin d'après-midi d'une lourde journée. L'air semblait une masse épaisse, gluante et chaude, que nous fendions péniblement.

Le sergent Kéita avait tenu parole, la route allait jusqu'à Dougouba. Au bruit de l'auto, comme dans tous les villages, la marmaille toute nue, le corps gris-blanc de poussière, avait paru au bout de la route, suivie de chiens roux aux oreilles écourtées et aux côtes saillantes. Au milieu des enfants, se tenait un homme qui gesticulait et agitait une queue de vache attachée à son poignet droit.[17] Quand l'auto s'arrêta, je vis que c'était le sergent Thiémokho Kéita, qu'entouraient chiens et enfants. Il portait, sous sa vareuse déteinte, sans boutons et sans galons, un boubou[18] et une culotte faite de bandes de coton jaune-brun, comme les vieux des villages. La culotte s'arrêtait au-dessus des genoux, serrée par des cordelettes. Il avait ses molletières, elles étaient en lambeaux. Il était nu-pieds et portait son képi.

Je lui tendis la main et dis:

— Kéita!

Comme une volée de moineaux-mange-mil, la marmaille s'éparpilla en piaillant:

— Ayi! Ayi! (Non! Non!)

Thiémokho Kéita n'avait pas pris ma main. Il me regardait, mais semblait ne pas me voir. Son regard était si lointain que je ne pus m'empêcher de me retourner pour voir ce que ses yeux fixaient à travers les miens. Soudain, agitant sa queue de vache, il se mit à crier d'une voix rauque:

> *Écoute plus souvent*
> *Les choses que les êtres,*
> *La voix du feu s'entend,*
> *Entends la voix de l'eau.*
> *Écoute dans le vent*
> *Le buisson en sanglot:*
> *C'est le souffle des ancêtres.*[19]

— Il est complètement *fato* (fou), dit mon chauffeur à qui j'imposai silence. Le sergent Kéita criait toujours:

> *Ceux qui sont morts ne sont jamais partis*
> *Ils sont dans l'ombre qui s'éclaire*
> *Et dans l'ombre qui s'épaissit,*
> *Les morts ne sont pas sous la terre*

---

[17]La queue de vache, parfois utilisée aujourd'hui comme simple chasse-mouches, avait, croyait-on, le pouvoir d'éloigner les mauvais esprits.
[18]Voir « Les Mamelles », p. 11, note 9.
[19]Voir « Les Mamelles », p. 15, note 14.

1   **frémir** to shiver
2   **gémir** to cry
20 **vagir** to wail, whine
21 **tison** (m.) smouldering log
24 **geindre** to moan

Ils sont dans l'arbre qui frémit,
Ils sont dans le bois qui gémit,
Ils sont dans l'eau qui coule,
Ils sont dans l'eau qui dort,
Ils sont dans la case, ils sont dans la foule 5
Les morts ne sont pas morts.

　　Écoute plus souvent
　　Les choses que les êtres,
　　La voix du feu s'entend,
　　Entends la voix de l'eau. 10
　　Écoute dans le vent
　　Le buisson en sanglot:
　　C'est le souffle des ancêtres.
　　Le souffle des ancêtres morts
　　Qui ne sont pas partis, 15
　　Qui ne sont pas sous terre,
　　Qui ne sont pas morts.

Ceux qui sont morts ne sont jamais partis,
Ils sont dans le sein de la femme,
Ils sont dans l'enfant qui vagit. 20

Et dans le tison qui s'enflamme.
Les morts ne sont pas sous la terre,
Ils sont dans le feu qui s'éteint,
Ils sont dans le rocher qui geint,
Ils sont dans les herbes qui pleurent, 25
Ils sont dans la forêt, ils sont dans la demeure,
Les morts ne sont pas morts.

　　Écoute plus souvent
　　Les choses que les êtres,
　　La voix du feu s'entend, 30
　　Entends la voix de l'eau.
　　Écoute dans le vent
　　Le buisson en sanglot:
　　C'est le souffle des ancêtres.

Il redit chaque jour le pacte, 35
Le grand pacte qui lie,
Qui lie à la loi notre sort;
Aux actes des souffles plus forts
Le sort de nos morts qui ne sont pas morts;

30 **aïeux** (m. pl.) ancestors (Note the use of this irregular plural, as opposed to the
     more specific *aïeuls*, grandfathers.)
     n'y avaient jamais été pour rien had never had anything to do with it
32 **passer outre** *here:* to disregard

Le lourd pacte qui nous lie à la vie,
La lourde loi qui nous lie aux actes
Des souffles qui se meurent.

Dans le lit et sur les rives du fleuve,
Des souffles qui se meuvent   5
Dans le rocher qui geint et dans l'herbe qui pleure.

Des souffles qui demeurent
Dans l'ombre qui s'éclaire ou s'épaissit,
Dans l'arbre qui frémit, dans le bois qui gémit,
Et dans l'eau qui coule et dans l'eau qui dort,   10
Des souffles bien plus forts,
Des souffles qui ont pris
Le souffle des morts qui ne sont pas morts,
Des morts qui ne sont pas partis,
Des morts qui ne sont plus sous terre.   15

Écoute plus souvent
Les choses que les êtres...[20]

Les enfants étaient revenus, entourant le vieux chef de village et ses
notables. Après les salutations, je demandai ce qui était arrivé au sergent
Kéita.   20
— Ayi! Ayi! dirent les vieillards. Ayi! Ayi! piaillèrent les enfants.
— Non! Pas Kéita, fit le vieux père, Sarzan! (Sergent!) Sarzan seule-
ment. Il ne faut pas réveiller la colère de ceux qui sont partis. Sarzan n'est
plus un Kéita. Les morts et les Génies[21] se sont vengés de ses offenses.

Cela avait commencé dès le lendemain de son arrivée, le jour même de   25
mon départ de Dougouba.
Le sergent Thiémokho Kéita avait voulu empêcher son père de sacrifier
un poulet blanc aux mânes des ancêtres[22] pour les remercier de l'avoir
ramené sain et sauf au pays. Il avait déclaré que, s'il était revenu, c'est que
tout simplement il devait revenir et que les aïeux n'y avaient jamais été   30
pour rien. Qu'on laisse tranquilles les morts, avait-il dit, ils ne peuvent
plus rien pour les vivants. Le vieux chef de village avait passé outre et le
poulet avait été sacrifié.

---

[20]Birago Diop a introduit ce poème dans son recueil *Leurres et lueurs* (Paris: Présence Africaine,
1960).
[21]Voir « Les Mamelles », p. 13, note 10.
[22]*les mânes des ancêtres*   Autre expression désignant les esprits des morts (voir « Les Mamelles »,
p. 15, note 14). Le mot *mânes*, d'origine latine, désignait, chez les Romains, les âmes des morts,
considérées comme des divinités. Ce mot, cependant, n'exprime qu'approximativement la croyance
africaine.

1   **labour** (m.) ploughing (cf. *labourer*)
     prétendre to assert, declare
4   **patate** (f.) sweet potato
5   **charrue** (f.) plough
7   **cultures** (f. pl.) *here:* crops
11   **piquant** (m.) *here:* quill (*piquer* to prick)
     porc-épic (m.) porcupine
12   **voiler** to veil (cf. *le voile*)
13   **touffe** (f.) *here:* bunch
20   **décrocher** to take down (*le crochet* hook)
     sachet (m.) small bag
22   **efflanqué** skinny
26   **pieu** (m.) post, stake
     fourchu forked (cf. *la fourchette*)
27   **décréter** to decree, declare (cf. *le décret*)
30   **dorure** (f.) gilt (cf. *dorer, l'or*)
32   **nain** (m.) dwarf
     tors crooked (*tordre* to twist)

Au moment des labours, Thiémokho avait prétendu inutile et même idiot de tuer des poulets noirs et d'en verser le sang dans un coin des champs. Le travail, avait-il dit, suffit, et la pluie tombera si elle doit tomber. Le mil, le maïs, les arachides, les patates, les haricots pousseront tout seuls, et pousseront mieux si l'on se servait des charrues que le commandant de cercle lui avait envoyées. Il avait coupé et brûlé des branches du Dassiri, l'arbre sacré, protecteur du village et des cultures, au pied duquel on avait sacrifié des chiens. 5

Le jour de la circoncision des petits garçons et de l'excision des petites filles, le sergent Kéita avait sauté sur le Gangourang, le maître des enfants qui dansait et chantait. Il lui avait arraché le paquet de piquants de porcépic qu'il portait sur la tête et le filet qui lui voilait le corps. Il avait déchiré le cône d'étoffe jaune sommé d'une touffe de gris-gris[23] et de rubans que portait le Mama Djombo, le grand-père-au-bouquet, maître des jeunes filles. Le sergent Kéita avait déclaré que c'était là des « manières de sauvages », et pourtant il avait vu le carnaval à Nice et les masques hilares ou terrifiants. Il est vrai que les Toubab, les Blancs, portaient des masques pour s'amuser et non pas pour enseigner aux enfants les rudiments de la sagesse des anciens. 10

Le sergent Kéita avait décroché le sachet pendu dans sa case et qui enfermait le Nyanaboli, le Génie de la famille du vieux Kéita, et il l'avait jeté dans la cour, où les chiens efflanqués faillirent l'arracher aux petits enfants avant l'arrivée du vieux chef. 20

Il était entré un matin dans le Bois sacré et il avait brisé les canaris qui contenaient de la bouillie de mil et du lait aigre. Il avait renversé les statuettes et les pieux fourchus sur lesquels le sang durci collait des plumes de poulets. « Manières de sauvages », avait-il décrété. Cependant, le sergent Kéita était entré dans des églises; il y avait vu des statuettes de saints et des Saintes-Vierges devant lesquelles brûlaient des cierges. Il est vrai que ces statuettes étaient couvertes de dorures et de couleurs vives, bleues, rouges, jaunes, qu'elles étaient, c'est certain, plus belles que les nains noircis aux bras longs, aux jambes courtes et torses, taillés dans le vène, le cailcédrat et l'ébène,[24] qui peuplaient le Bois sacré. 25 30

Le commandant de cercle avait dit: « Tu les civiliseras un peu », et le sergent Thiémokho Kéita allait « civiliser » les siens. Il fallait rompre avec la tradition, tuer les croyances sur lesquelles avaient toujours reposé la vie du village, l'existence des familles, les actes des gens... Il fallait extirper les superstitions. Manières de sauvages... Manières de sauvages, le dur traitement infligé aux jeunes circoncis pour ouvrir leur esprit et former leur caractère et leur apprendre que nulle part, en aucun moment de leur vie, ils ne peuvent, ils ne doivent être seuls. Manières de sauvages, le 35 40

[23]*gri-gri* Amulette qu'on porte pour détourner le mauvais sort. Le pluriel est *gris-gris*.
[24]*vène, cailcédrat, ébène* Bois d'Afrique tropicale. Le vène est un arbre à bois rougeâtre. Le cailcédrat est aussi connu sous le nom d'*acajou du Sénégal*.

2   **avoir prise sur** to have a hold over
4   **errer** to wander
7   **abords** (m. pl.) *here:* approach
     crépuscule (m.) twilight
8   **avoir la tête changée** to lose one's mind
12   **piqûre** (f.) sting (cf. *piquer*)
13   **bave** (f.) slobber (*baver* to drool)
     mousseux foaming, frothy (cf. *la mousse*)
25   **aube** (f.) dawn
     s'assoupir to doze off
29   **trompe** (f.) *here:* horn (cf. *la trompette*)
     *hululer to howl (This verb is also spelled *ululer.*)
30   **maudit** accursed, damned (past part. of *maudire*)

Kotéba qui forge les vrais hommes sur qui la douleur ne peut avoir de prise... Manières de sauvages, les sacrifices, le sang offert aux ancêtres et à la terre... Manières de sauvages, la bouillie de mil et le lait caillé versés aux Esprits errants et aux Génies protecteurs...

Le sergent Kéita disait cela à l'ombre de l'arbre-aux-palabres,[25] aux 5 jeunes et aux vieux du village.

Ce fut aux abords du crépuscule que le sergent Thiémokho Kéita eut sa tête changée. Appuyé contre l'arbre-aux-palabres, il parlait, parlait, parlait, contre le féticheur[26] qui avait sacrifié le matin même des chiens, contre les vieux qui ne voulaient pas l'écouter, contre les jeunes qui écou- 10 taient encore les vieux. Il parlait lorsque, soudain, il sentit comme une piqûre à son épaule gauche; il se retourna. Quand il regarda à nouveau ses auditeurs, ses yeux n'étaient plus les mêmes. Une bave mousseuse et blanche naissait aux coins de ses lèvres. Il parla, et ce n'étaient plus les mêmes paroles qui sortaient de sa bouche. Les souffles avaient pris son esprit et ils 15 criaient maintenant leur crainte:

Nuit noire! Nuit noire!

disait-il à la tombée de la nuit, et les enfants et les femmes tremblaient dans les cases.

Nuit noire! Nuit noire! 20

criait-il au lever du jour,

Nuit noire! Nuit noire!

hurlait-il en plein midi. Nuit et jour les souffles et les Génies et les ancêtres le faisaient parler, crier et chanter...

Ce ne fut qu'à l'aube que je pus m'assoupir dans la case où vivaient les 25 morts et toute la nuit j'avais entendu le sergent Kéita aller et venir, hurlant, chantant et pleurant:

Dans le bois obscurci
Les trompes hurlent, hululent sans merci
Sur les tam-tams maudits 30
Nuit noire! Nuit noire!

---

[25]*palabre* Réunion au cours de laquelle les hommes, autour du chef, tiennent conseil. Cette réunion a lieu généralement sous un arbre au centre du village.
[26]*féticheur* Sorte de sorcier, qui tient son pouvoir des fétiches (objets doués d'une force magique). Il peut être un intermédiaire entre le monde des vivants et celui des esprits grâce à ses connaissances occultes.

15 **rôder** to prowl
16 **désapprendre** to forget, unlearn
21 **goutte** (f.) drop
26 **ruisseau** (m.) stream (cf. *ruisseler*)
28 **éteint** *here:* dead (past part. of *éteindre*, to extinguish)
31 **savane** (f.) tropical grassland
37 **se figer** to congeal
40 ***hanter** to frequent, to haunt

Le lait s'est aigri
Dans les calebasses,
La bouillie a durci
Dans les vases,
Dans les cases 5
La peur passe, la peur repasse,
Nuit noire! Nuit noire!

Les torches qu'on allume
Jettent dans l'air
Des lueurs sans volume, 10
Sans éclat, sans éclair;
Les torches fument,
Nuit noire! Nuit noire!

Des souffles surpris
Rôdent et gémissent 15
Murmurant des mots désappris,
Des mots qui frémissent,
Nuit noire! Nuit noire!

Du corps refroidi des poulets
Ni du chaud cadavre qui bouge, 20
Nulle goutte n'a coulé,
Ni de sang noir, ni de sang rouge,
Nuit noire! Nuit noire!
Les trompes hurlent, hululent sans merci
Sur les tam-tams maudits. 25
Peureux, le ruisseau orphelin
Pleure et réclame
Le peuple de ses bords éteints
Errant sans fin, errant en vain,
Nuit noire! Nuit noire! 30
Et dans la savane sans âme
Désertée par le souffle des anciens,
Les trompes hurlent, hululent sans merci
Sur les tam-tams maudits,
Nuit noire! Nuit noire! 35

Les arbres inquiets
De la sève qui se fige
Dans leurs feuilles et dans leur tige
Ne peuvent plus prier
Les aïeux qui hantaient leur pied, 40
Nuit noire! Nuit noire!

Dans la case où la peur repasse
Dans l'air où la torche s'éteint,
Sur le fleuve orphelin
Dans la forêt sans âme et lasse
Sous les arbres inquiets et déteints, 5
Dans les bois obscurcis
Les trompes hurlent, hululent sans merci
Sur les tam-tams maudits,
Nuit noire! Nuit noire![27]

. . . .

Personne n'osait plus l'appeler de son nom, car les génies et les ancêtres 10
en avaient fait un autre homme. Thiémokho Kéita était parti pour ceux
du village, il ne restait plus que Sarzan, Sarzan-le-fou.

QUESTIONS

1. Au début du récit, comment est présenté le passage du temps?
2. De quelle façon l'auteur montre-t-il que les traditions sont plus fortes que tout?
3. Résumez l'histoire de Kéita jusqu'au moment où l'auteur le rencontre.
4. Que veut dire le Commandant par ces mots: « Tu les civiliseras un peu » (page 25, ligne 18)?
5. Quels semblent être les sentiments de Kéita au moment où il va retrouver son village?
6. Comment Kéita est-il accueilli par les siens?
7. Dans la description de l'Épreuve, comment l'auteur unit-il la précision et la poésie?
8. Montrez que l'opinion de Kéita sur l'Épreuve rejoint celle du Commandant.
9. Quelle est, au contraire, la valeur de l'Épreuve, selon Birago Diop?
10. Décrivez le changement survenu dans Kéita.
11. D'après le poème, où et comment se manifeste la présence des ancêtres?
12. Quelle idée est exprimée dans les vers: « Le lourd pacte . . . qui se meurent » (page 35, lignes 1–3)?
13. Sur quels points précis le rationalisme de Kéita s'était-il opposé aux croyances ancestrales?
14. Montrez que le ton de l'auteur est satirique lorsqu'il compare les attributs du Mama Djombo et du Gangourang aux masques du carnaval.
15. Qu'est-ce que l'auteur veut montrer en faisant un rapprochement entre les églises et le « Bois sacré »?

[27]Ce poème fait aussi partie du recueil *Leurres et lueurs*, sous le titre d'« Abandon ».

16. Quelle expression est répétée plusieurs fois? Quelle est la valeur de cette répétition?
17. Pourquoi et comment Kéita est-il devenu fou?
18. A travers le poème « Nuit noire » s'expriment le bouleversement et la peur provoqués par l'attitude de Kéita. Cette peur touche-t-elle seulement les êtres humains?
19. Sur quel problème l'auteur veut-il nous faire réfléchir dans ce conte?

SUJETS DE DISCUSSION

1. En retraçant l'histoire de Dougouba, sur quelle notion l'auteur met-il l'accent?
2. Quel est le sens et quelle est la portée de la mission confiée au sergent Kéita par le Commandant de cercle?
3. Comment le récit développe-t-il les deux thèmes antagonistes présentés dans l'introduction?
4. Relevez les passages ironiques et étudiez l'emploi de l'ironie comme expression indirecte des sentiments de l'auteur.
5. A partir d'exemples précis tirés de ce conte, essayez de dire ce qui caractérise la prose de Birago Diop.
6. Étude du poème « Écoute plus souvent . . . »
   a. Quelle croyance s'exprime à travers le poème?
   b. La forme de ce poème est-elle tout à fait régulière et traditionnelle?
   c. Que peut-on conclure du fait que Birago Diop prête à Sarzan-le-fou un de ses poèmes préférés?
7. Comment s'exprime la sympathie de l'auteur pour les choses et les êtres qu'il présente?
8. Relevez dans ce conte les éléments caractéristiques de la *négritude*.

1   **daigner** to condescend, deign
    taureau (m.) bull
4   **sentier** (m.) path
    rosée (f.) dew
6   **queue** (f.) tail
    atteindre to reach
7   **guêpe** (f.) wasp
9   **goulu** greedy
    fondre to melt
    fessier (m.) buttocks (cf. *la fesse*)
10 **trottiner** to jog along (cf. *le trot, trotter*)
    bien (m.) *here:* property, possession
11 **n'en pouvoir plus** to be exhausted
15 **congénère** (m., f.) one who belongs to the same race
16 **mare** (f.) stagnant water, pool
19 **écran** (m.) screen
22 **juteux** juicy (cf. *le jus*)
25 **pou** (m.) louse
    tique (f.) cattle tick
    picorer to scratch about (for food)
27 **viser** to aim

Le Taureau de Bouki

Pour Sédar Senghor
(avec un riti[1])

Bouki n'avait pas daigné dire où il avait trouvé le beau taureau qu'il tirait au bout d'une corde.

Il avait tout simplement ordonné à Leuk-le-Lièvre, qu'il avait trouvé, au milieu du sentier, en train de sécher son dos couvert de rosée:

— Accompagne-moi. Et cours derrière celui-ci pour chasser tout ce   5
qui pourra se présenter et que sa longue queue ne peut atteindre: mouches, abeilles, guêpes, oiseaux. Je ne veux que personne y touche. Et toi, regarde-le le moins souvent possible. Tu pourrais, par tes gros yeux si avides et si gourmands, si goulus, lui faire fondre la graisse des ses beaux fessiers!

Et Leuk-le-Lièvre avait suivi, trottinant derrière Bouki et son bien à   10
quatre pattes. Il n'en pouvait plus de crier, de siffler, de chanter pour chasser tout le cortège ailé qui suivait le trio: oiseaux, guêpes, abeilles, mouches et même moustiques.

Les moustiques n'avaient pas suivi bien loin, ni bien longtemps, car, depuis toujours, Yoh-le-Moustique et ses congénères n'ont jamais pu   15
s'éloigner de l'eau, et les mares, les marigots,[2] les ruisseaux, les rivières et aussi le Grand Fleuve étaient loin derrière Bouki-l'Hyène, son bien et Leuk-le-Suivant.

Les abeilles avaient trouvé des herbes, des arbres, des fleurs, dont l'écran de parfums, montant sur la rosée qui s'évaporait depuis le matin, les avait   20
retenues.

Les guêpes s'en étaient retournées vers des terres où les fruits juteux étaient déjà mûrs ou mûrissants.

Les oiseaux avaient vainement cherché, sur la peau tendue et luisante du magnifique taureau, des poux ou des tiques à picorer. Effrayés par la   25
chanson que Leuk-le-Lièvre accompagnait de ses bonds derrière le taureau et en les visant avec un fusil imaginaire:

Feur! Feurré!
Feur! Feurram!
Feur! Feurré!!!   30
Feur! Feurramm!
Djam nâ deughé!
N'Djammal Leuk njaw na!

---

[1]*riti* Sorte de violon monocorde dont la caisse de résonance est faite d'une calebasse tendue de peau. Cette indication au début du conte annonce un certain rythme et un certain ton, d'autant plus que le *riti* accompagne ordinairement le poème satirique.
[2]*marigot* Dans les pays tropicaux, bras de rivière qui se perd dans les terres.

2   **à tire-d'aile(s)** swiftly
6   **tir** (m.) shooting (cf. *tirer*)
7   **mil** (m.) millet
8   **récolter** to harvest (cf. *la récolte*)
9   ***harceler** to harass
11 **bourdonner** to buzz, to hum (*le bourdon* bumblebee)
12 **rebrousser chemin** to turn back, retrace one's steps
    faire semblant to pretend
21 **besace** (f.) sack, bag
22 **archet** (m.) bow (cf. *l'arc*)
28 **s'arrêter net** to come to a complete stop
    mufle (m.) snout
30 **esquisser** *here:* to make a slight attempt at (*l'esquisse* sketch, outline)
32 **crin** (m.) **de cheval** horsehair

(Volez! voletez!
  Volez à tire-d'aile!
Volez! voletez!!!
    Volez à tire-d'aile!
Je touche à tous coups!   5
Le tir de Lièvre est terrible!)

ils s'en retournèrent, eux aussi à tire-d'aile vers les champs de riz et de mil,
récoltés ou non.

Seules les mouches harcelèrent encore Leuk-le-Lièvre, le taureau et
Bouki-l'Hyène un long bout de temps. Puis, comme les autres, lasses de   10
voleter, de bourdonner devant, derrière et au-dessous et au-dessus des trois
voyageurs, elles rebroussèrent chemin, ou firent semblant de s'en retourner
à la recherche de proies moins diligemment surveillées.

— Oncle[3] Bouki, fit Leuk-le-Lièvre, le soleil rentre chez lui et il n'y a
plus l'ombre d'une mouche, d'une seule mouche entre ciel et terre. Si ce   15
n'est que la peur de ces parasites qui nous fait venir jusqu'en ces lieux...
— Encore plus loin! coupa Bouki-l'Hyène en tirant sur la corde du tau-
reau.

Le soleil s'était couché. La nuit était venue.

Leuk-le-Lièvre, tout en trottinant derrière le taureau, qui suivait Bouki-   20
l'Hyène, sortit, de sa besace, qui lui battait le flanc gauche, son violon
monocorde, son riti et son archet. Et celui-ci, tirant de celui-là trois notes
bien graves, Leuk se mit à chanter:

Bouki N'Djour ó! N'Djour!
Kaye ma lakhassal là!   25
Yowe dall! mane dall váye!
Tji dighoumanding mi!

Bouki s'arrêta net et tira sur la corde, qui tira sur le mufle du taureau
effrayé. La lune s'était levée.
— Chante encore ta chanson! demanda Bouki en esquissant un pas de   30
danse.

Et Leuk-le-Lièvre fit courir à nouveau son archet en crin de cheval sur la
calebasse[4] tendue de peau de lézard.

Bouki N'Djour ó! N'Djour!
Donne que je te l'attache;   35
Toi seul! Moi seul!
Au milieu de la savane!

[3]Oncle Ici, terme de respect.
[4]Voir « Les Mamelles », p. 11, note 8.

1   **nasiller** to speak with a nasal twang (cf. *nasal, le naseau*)
6   **s'en fut** = **s'en alla** (*Être* can replace *aller* in the past definite and past indefinite.)
7   **racler** to scrape
9   **levant** (m.) east
11 **bercer** to rock, lull (*le berceau* cradle)
14 **grimper** to climb
27 **les reins** (m. pl.) back
    infléchi bent over
33 **monture** (f.) mount (cf. *monter à cheval*)

— Tu as raison, nasilla[5] Bouki, nous sommes seuls, bien seuls mainte-
nant. Tiens-moi celui-ci, attache-le à cet arbre. Je vais chercher du bois
mort. Ne bouge pas du pied de l'arbre sous aucun prétexte, et qu'aucune
mouche n'en approche. Et chante et joue sur ton violon pour que je
t'entende même de très loin, du plus loin!   5
Et Bouki-l'Hyène s'en fut, dans la nuit, chercher du bois mort.

Leuk-le-Lièvre racla un moment son violon monocorde, puis s'attacha,
au poignet gauche, la corde du taureau, et tous deux s'en allèrent vers
l'ouest alors que Bouki se dirigeait vers le levant.

Yeuk-le-Taureau aussi innocent qu'au jour de sa naissance, se laissait   10
bercer, lui aussi, au son de la musique et du chant de Leuk-le-Lièvre, qui
trottinait maintenant devant lui en raclant son violon et qui le tirait par
la corde attachée au poignet gauche de celui-ci et à son mufle.

Fatigué de trottiner, Leuk-le-Lièvre grimpa sur le dos de Yeuk-le-
Taureau, qu'il excitait avec sa musique et ses chants: 15

Njakk bopp ak dé yeum!
Kou hammoul bopp
Dô khamm fô djèmm!
Mô lou bidjaw djérigne?

(Manquer de tête vaut la mort!   20
Qui n'a pas de tête
Ne sait où il va!
Mais à quoi servent les cheveux blancs?)

Tous deux firent un long, un très long chemin sous le regard de la lune
qui, toujours vieille curieuse, se demandait où pouvaient bien aller ces   25
deux-là et ce que, loin derrière eux, pouvait bien faire Bouki-l'Hyène avec
le gros fagot de bois mort qui lui pesait sur les reins déjà bien infléchis.

Et Leuk-le-Lièvre entendit, d'abord loin, puis plus près, s'approchant,
les hurlements de Bouki-l'Hyène, qui soufflait et s'inquiétait:
— Leuk ô! Leuk! où peux-tu bien être avec mon bien?   30
Puis la voix de Bouki s'approcha encore:
— Où peux-tu bien te cacher, enfant de malheur?

Leuk-le-Lièvre arrêta sa monture, descendit, s'arrêta et arrêta Yeuk-le-
Taureau au pied d'un arbre et l'attacha.

Et Bouki arriva avec son fagot, qu'il jeta aux pieds de l'arbre, de Leuk 35
et du taureau, et interrogea:
— Pourquoi n'es-tu pas resté à l'endroit où je vous avais laissés?
— Comment ne suis-je pas resté à l'endroit où tu m'avais laissé?

---

[5]Dans les contes, l'hyène a toujours un ton de voix nasal.

13   **marmite** (f.) large covered pot
18   **grogner** to grumble
24   **mâchonner** to chew slowly (cf. *mâcher*)
26   **faire un crochet** to make a detour (*le crochet* hook)
32   **s'emporter** to become angry

Kholl ma nadjaye! Kholl ma!
Khollal gouye ghi!
Khollal sa yeuk wi!
Té kholl wère wi!
Djog gou fi!   5

(Regarde-moi, mon Oncle! Regarde-moi!
Regarde l'arbre!
Regarde ton taureau!
Regarde surtout la lune!
Elle n'a pas bougé!)   10

— Tu as raison, nasilla Bouki-l'Hyène. J'ai dû faire plus de chemin que je ne pensais. Attends-moi ici et tiens bien celui-ci. Je vais aller chercher une marmite assez vaste et assez profonde pour le contenir, lui, ses pattes et sa grosse tête. Et continue à chanter parce que tout à l'heure je ne t'entendais plus très bien.   15
— C'est parce que tu as été trop loin, comme tu l'as reconnu toi-même, mon Oncle.
— C'est fort possible, grogna Bouki qui s'en alla pendant que Leuk-le-Lièvre raclait son violon et se remettait à chanter.

Bouki N'Djour ô! N'Djour!   20
Donne que je te l'attache!
Yowe dall! mane dall vâye!
Tji dighoumandinng mi!

Puis Leuk détacha Yeuk-le-Taureau qui mâchonnait et ruminait toujours au rythme du riti. Il remonta sur le bien de Bouki-l'Hyène. Ils firent   25
un grand crochet et prirent le chemin de la demeure de Leuk-le-Lièvre. Yeuk-le-Taureau trotta encore très longtemps.
Ils entendirent loin, très loin, les hurlements de Bouki qui interrogeait:
— Leuk ô! Leuk! Où peux-tu bien être avec mon bien, enfant de malheur?
Leuk descendit de sa monture et ils attendirent, tous deux, au pied d'un   30
arbre, Bouki, qui, les rejoignant avec une immense marmite sur le dos, s'emportait:
— Pourquoi n'es-tu pas resté à l'endroit où je vous avais laissés?
— Comment? s'étonna Leuk-le-Lièvre. Ne suis-je pas toujours à l'endroit où tu m'avais laissé?   35

Regarde-moi, mon Oncle! Regarde-moi!
Regarde l'arbre!
Regarde ton taureau!

7 **enfourcher** to mount, straddle (*la fourche* fork)
35 **braise** (f.) embers
   tesson (m.) broken piece, fragment

Regarde surtout la lune!
A-t-elle bougé celle-là?

— Tu as raison, reconnut Bouki-l'Hyène. Elle n'a pas bougé. Attends-
moi ici et tiens bien celui-là. Je vais aller chercher du feu.

Et Bouki repartit chercher du feu pour cuire Yeuk-le-Taureau, qu'il   5
avait volé on ne savait encore à qui ni où.

Leuk-le-Lièvre, chantant et jouant du violon, enfourcha à nouveau le
taureau:

Manquer de tête vaut la mort!
Qui n'a pas de tête   10
Dô soré yonne!
Mô lou bidjaw djérigne?

. . . .

Qui n'a pas de tête
N'ira pas bien loin!
Mais à quoi servent les cheveux blancs?   15

Et ils s'en allèrent encore plus loin — ou plus près — puisqu'ils appro-
chaient, à chaque pas, de Sénène,[6] où demeuraient, depuis toujours, tous
les lièvres.

Très loin, loin, ensuite plus près, Bouki-l'Hyène hurla:

— Leuk ô! Leuk! Où peux-tu bien être avec mon bien, enfant de malheur?   20
— Je suis toujours ici où tu nous avais laissés, mon Oncle, cria Leuk-le-
Lièvre, qui avait quitté le dos du taureau et s'était assis au pied d'un
arbre.

— Pourquoi n'es-tu pas resté où je t'avais laissé avec celui-ci?
— Mais c'est bien ici que tu nous avais laissés, mon Oncle!   25
— Hum! Hum! douta du nez Bouki-l'Hyène.
— Mais c'est bien vrai, affirma encore Leuk.

Regarde-moi, mon Oncle! Regarde-moi!
Regarde l'arbre!
Regarde ton taureau!   30
Regarde surtout la lune!
N'est-elle pas au même endroit?

— En effet, reconnut Bouki, elle est toujours au-dessus de nos têtes,
cette curieuse. Je me demande ce qui peut bien l'intéresser de mes affaires!

Bouki mit entre trois pierres la braise qu'il avait portée sur un tesson de   35

---

[6]Sénène   Pays imaginaire où habitent les Sènes, nom générique des lièvres en wolof.

1   **brassée** (f.) armful (cf. *le bras*)
3   **jaillir** to shoot forth
11   **gourdin** (m.) stick
18   **dépouiller** to skin
19   **dépecer** to cut to pieces (cf. *la pièce*)
25   **se sauver** *here:* to leave, run off
28   **fumet** (m.) cooking odor
31   **cuisine** (f.) *here:* cooking
     mets (m.) food, dish
32   **malin** (m.) *here:* devil, imp

canari,[7] jeta une brassée de bois mort sur la braise et se mit à souffler sous la marmite, qui était posée sur les trois pierres. Le feu prit, les flammes jaillirent plus haut que la marmite.

— Chasse les mouches, s'il y en a encore, ordonna Bouki.

— Mais il n'y en a plus une seule, mon Oncle. Dans ce pays, les mouches ne volent pas la nuit, expliqua Leuk-le-Lièvre.

— C'est bon, mon neveu, c'est bien! Je te remercie de ton dévouement, je te remercie de m'avoir si bien gardé mon bien. Tu peux partir maintenant. Je suis assez grand, je suis assez vieux, je suis assez fort pour m'occuper de tout ce qui reste à faire, pour m'en occuper tout seul.

Et prenant un gros gourdin, il battit la mesure sur le ventre de sa marmite.

Manna ko réyye mane kène!
Manna ko fèss mane kène!
Manna ko tinkhi mane kène!
Manna ko regheul mane kène!

(Je peux le tuer tout seul!
Et le dépouiller tout seul!
Et le dépecer tout seul!
Je peux le cuire tout seul!)

— Comment, mon Oncle? s'étonna Leuk-le-Lièvre, tu me chasses maintenant, après tout ce que j'ai fait pour toi. Je t'ai accompagné jusqu'ici, je t'ai si bien gardé ton taureau, que tu l'as reconnu toi-même, et Dieu sait que...

— Qu'as-tu l'air d'insinuer, insolent? Sauve-toi vite!

— Mais, mon Oncle! insista Leuk-le-Lièvre qui suppliait, tu sais bien que je pourrais me contenter de regarder brûler le feu et respirer simplement le fumet qui s'élèvera de la marmite?

— Tu ne te contenteras pas de regarder seulement mon feu avec tes yeux si gourmands et si goulus. Je ne tiens pas à ce que tu me prennes le fumet de ma cuisine. C'est ce qu'il y a de meilleur dans un mets, tu le sais bien, petit malin! Va-t-en loin d'ici!

— Mais, mon Oncle, je risque de me perdre dans la nuit!

— Tu demanderas ton chemin à Wère-la-Lune, elle est là pour tout le monde et elle est plus vieille que nous tous.

Le gourdin rythma encore le chant de Bouki:

Je peux le manger tout seul!
Manna ko lekk mane kène!

[7]Voir « Les Mamelles », p. 13, note 11.

 1 **râble** (m.) back (of a hare)
    détaler *(colloquial)* to run off
 5 **quête** (f.) search (cf. *quêter*)
 6 **se terrer** to burrow (cf. *la terre*)
15 **sente** (f.) path (cf. *le sentier*)
    geignard whining (cf. *geindre*)
16 **pointer** *here:* to rise, show itself
23 **piétinement** (m.) trampling (cf. *le pied, le piéton*)
32 **attiser** to stir up (*le tison* smouldering log)
    *humer to inhale, suck in

puis se leva, menaçant, sur le râble de Leuk-le-Lièvre, qui préféra détaler
sans en demander davantage.

Leuk-le-Lièvre ne s'en alla pas loin, bien loin, car il était tout près
de sa demeure et de celles de ses congénères, que les hurlements de Bouki-
l'Hyène à la quête de son bien et du conducteur de son bien avaient fait se   5
terrer au plus profond de leurs trous.

Il tira quelques notes de son violon monocorde, puis se mit à gémir en
même temps que le riti sous l'archet.

> *Bouki nakhna Leuk sène!*
> *Bouki dakhna Leuk sène!*   10
> *Ghâyi sénène Djokk lène!*

> *(Hyène a trompé Lièvre Sène!*
> *Hyène a chassé Lièvre Sène!*
> *Ceux de Sénène, levez-vous!)*

Et le long de la sente, à sa voix geignarde et au son de la musique   15
pleureuse, pointaient les têtes des gens aux grandes oreilles, non encore
tout à fait rassurés cependant.

— Portez aussi vos gros tam-tams, ordonna Leuk-le-Lièvre.

Et les lièvres portèrent les gros tam-tams.

Sur les peaux tendues des tam-tams, Leuk fit monter les jeunes lièvres et   20
les moins jeunes, à qui il donna l'ordre de courir. Et les petits lièvres se
mirent à courir sur les peaux des tam-tams, et leurs petits pas faisaient un
bruit immense et sourd comme le piétinement lointain d'un troupeau in-
nombrable.

Leuk laissa les jeunes courir sur les peaux des tam-tams et les vieux   25
secouer leurs longues oreilles.

Et l'on entendit un immense troupeau qui descendait vers le Grand
Fleuve comme aux années où la terre buvait, en l'espace d'un jour, toutes
les eaux du Nord, puits, mares et marigots.

Leuk s'en fut derrière un arbre, pas très loin de Bouki-l'Hyène, de son   30
feu et de sa marmite, où bouillait le taureau dépouillé et dépecé.

Bouki-l'Hyène attisait le feu et humait le délicieux fumet de sa cuisine
quand il entendit un bruit sourd et lointain et, plus près de lui, beaucoup
plus près, la voix d'un violon et un chant:

> *Bouki N'Djour khamball!*   35
> *M'Bar sáme mou m'bár*
>   *khamball!*
> *Nag yá nghá djoqhé Pinkou*
> *Té Paté Diambar angha tja*

13   **battue** (f.) *here:* noise of the feet of animals (The word, rather unusual in this
     meaning, is used in reference to horses.)
14   **savate** (f.) old slipper (*le savetier* cobbler)
16   **dresser** *here:* to prick up
22   **espiègle** mischievous
23   **prévenir** *here:* to warn
26   **crin-crin** (m.) *here:* fiddling (The author uses this onomatopoeia to suggest the
     sound of the violin. Usually, *crincrin* is the colloquial term for a fiddle.)

(Bouki N'Djour attise!
M'Bar berger de forge[8]
attise!
Les bœufs arrivent du levant
Et Paté le Brave est avec eux!)   5

Qui pouvait donc bien l'appeler par son vrai nom de famille, N'Djour,[9]
par son petit nom, M'Bar, pour ensuite se moquer de lui en le traitant de
berger de forge et le comparer à Teug-le-Forgeron, qui ne quitte pas le feu
de son atelier, de son m'bar et qui enfin l'avertissait d'un danger bien
réel?   10

Les bœufs arrivent du levant
Et Paté Diambar est avec eux!

Car les battues des pas des bêtes se faisaient de plus en plus fortes, de
plus en plus distinctes; et le clap-clap des savates de leurs bergers[10] s'en-
tendait plus bruyant, plus claquant.   15
Il dressa l'oreille:

Bouki N'Djour attise!
M'Bar berger de forge
attise!

Puis il se redressa: 20
—Il me semble reconnaître ta voix agréable, Oncle Leuk, nasilla-t-il, et
aussi la douce voix de ton espiègle riti.
Et Riti, le violon monocorde, prévenait toujours:

Nag yá ngha djoghé Pinkou
Et Paté le Brave est avec eux!   25

Bouki courut vers l'arbre d'où venaient le chant et le crin-crin du violon.

[8]*M'Bar berger de forge* Jeu de mots sur « M'Bar », nom propre (c'est, dans d'autres contes, le
nom du fils de Bouki) et « m'bar », atelier de forgeron. Bouki est un étrange berger puisqu'il est
en train de faire cuire son taureau!
[9]*N'Djour* Nom générique de l'hyène en wolof. « Comme pour toutes les bêtes nuisibles, il y a une
prohibition absolue de prononcer son véritable nom, de peur de voir les maléfices du fauve
accourir à l'invocation » (Roland Colin, *Les Contes noirs de l'Ouest africain* [Paris: Présence
Africaine, 1957], pp. 130–131). Dans un de ses contes, « La Tabaski de Bouki » (*Contes et
lavanes* [Paris: Présence Africaine, 1963]), Birago Diop explique en détail l'origine du nom
N'Djour.
[10]Il s'agit, ici, du bruit que font les vieux lièvres en secouant leurs longues oreilles sur les tam-
tams. La ruse de Leuk se comprend mieux si l'on sait que, dans les contes, les oreilles du lièvre
sont toujours comparées à des savates ou à des sandales « qu'il porte accrochées à la tête, du
jour où il les enleva pour mieux courir, et qui, depuis, lui servent d'oreilles » (« Maman-Caïman »,
dans *Les Contes d'Amadou Koumba*).

3   **chameau** (m.) camel
4   **fade** dull
     foie (m.) liver
6   **couchant** (m.) sunset; *here:* west
     bel et bien indeed

— Reviens, Oncle Leuk! Reviens Sène, mon Oncle! Reviens me surveiller le feu, la marmite et cette viande. Il faut que je m'absente encore. Il faut que j'aille chercher du sel là-haut sur le chemin des chameaux. Va goûter, c'est aussi fade que du foie de chien refroidi. La viande manque de sel!

Et Bouki s'en fut loin... 5

Loin vers le couchant, fuyant Paté Diambar, le berger, à qui il avait bel et bien volé le taureau et qui, lui, était, avec ses bêtes et les siens, là-bas dans le sud, sur les bords du Grand Fleuve.

Leuk-le-Lièvre et les siens jouèrent, dansèrent et chantèrent tout le reste de la nuit et tard dans la matinée, jusqu'à ce que le soleil eût séché la 10 rosée sur les sentes.

Ils jouèrent, chantèrent et dansèrent autour du feu, de la marmite et de la viande de Yeuk-le-Taureau, dont ils avaient privé Bouki-l'Hyène pour le punir simplement de sa cupidité et de sa mauvaise foi.

QUESTIONS

1. Comment Bouki est-il présenté au début du conte?
2. Quel est le rôle du « cortège ailé » dans cette première partie? Pourquoi l'auteur en parle-t-il si longuement?
3. Expliquez pourquoi la lune est appelée « vieille curieuse » (page 51, ligne 25).
4. Relevez les détails qui décrivent l'aspect physique des trois animaux.
5. Quel est le rapport entre leur aspect physique et leur caractère?
6. De quelle façon l'auteur rend-il la stupidité de Bouki de plus en plus évidente?
7. En quoi consiste la ruse de Leuk?
8. Quel mot employé par Bouki souligne le renversement de situation entre le début et la fin du conte?
9. Quels nouveaux traits du caractère de Bouki apparaissent à la fin du conte?
10. Yeuk est la victime à la fois de Bouki et de Leuk. Son sort est-il présenté comme émouvant? Pourquoi?
11. Comme une petite comédie, ce conte se divise en plusieurs scènes. Quelles sont-elles?
12. Quelle est la moralité de ce conte? Remarquez qu'elle est, en partie, annoncée par une chanson de Leuk.

SUJETS DE DISCUSSION

1. Montrez que ce conte possède les qualités d'une bonne comédie de caractères.

2. En quoi les répétitions, loin d'être monotones, ont-elles, au contraire, une valeur dramatique et une valeur satirique?
3. Comment l'élément musical, qui orne très souvent le conte négro-africain, est-il ici intimement lié au conte lui-même?
4. Comment la composition du conte met-elle en évidence la ruse de Leuk opposée à la stupidité de Bouki?
5. Étudiez le rapport symbolique entre la taille des trois animaux et leur ingéniosité.
6. Qu'est-ce qui fait, à votre avis, le charme de ce conte?

	martin-pêcheur (m.) kingfisher (cf. *pêcher*)
2	**ignorer** to know nothing about
3	**poudre** (f.) *here:* gunpowder
	revue (f.) *here:* military parade
4	**au-delà de** beyond
8	**en = comme**
	compréhensif understanding (cf. *comprendre*)
9	**à longueur de journées** for days on end
	fouiller *here:* to search (*la fouille* digging)
	marais (m.) marshland
	étang (m.) pool
10	**redevance** (f.) rent, tax (cf. *devoir*)
11	**entente** (f.) understanding, agreement (cf. *entendre*)
14	**accroc** (m.) *here (colloquial):* hitch, difficulty (*accrocher* to hang up)
	estimer *here:* to appraise
16	**orage** (m.) storm
	sécheresse (f.) drought (cf. *sec*)
	disette (f.) famine
	tour à tour in turn
	s'abattre *here:* to fall upon
17	**fléau** (m.) *here:* calamity
21	***hocher** to nod
	avouer *here:* to recognize, acknowledge (*l'aveu* confession)
22	**venir à la rescousse** to come to the rescue
23	**fixer** *here:* to stare at

Bernard Dadié

Le Crocodile et le Martin-pêcheur

En ce temps-là, le Martin-pêcheur avait les airs pour domaine et le Crocodile, l'eau, et tout allait bien. L'on ignorait ambassade et ambassadeurs, diplomates et traités, la poudre et les revues de troupes. Les créatures fraternisaient. Elles allaient au-delà des formes, au-delà des nuances, au-delà des situations et des fortunes. La créature seule comptait et on la traitait comme on voulait être traité.

Mais, comme Martin-pêcheur pour subsister devait tout le temps pêcher, Crocodile, pour l'amour de la paix, en être sage et compréhensif, le laissa à longueur de journées fouiller les fleuves, les lacs, les marais, les étangs, sans redevance aucune.

Les jours, les années et les siècles passèrent sans affecter l'entente entre les créatures, sans créer le moindre incident entre les familles crocodile et martin-pêcheur. La bonne entente se transmit de génération en génération, malgré quelques petits accrocs que les partis estimaient très vite, d'ailleurs, à leur juste valeur.

Beau temps, orage, sécheresse, abondance, disette, tour à tour s'abattirent sur le monde. Mais le plus terrible de tous ces fléaux fut celui que les êtres ne reverront peut-être jamais plus, la fameuse sécheresse du temps « Abouké ».[1]

Il vint donc une sécheresse sans précédent en la mémoire des créatures, car chaque vieil homme interrogé, hochant la tête, avoue n'avoir jamais entendu parler d'un temps pareil. Les mânes[2] des ancêtres venus à la rescousse, après les incantations compliquées des féticheurs,[3] fixaient un

[1]*Abouké* Égoïsme en langue N'zéma [note de l'auteur]. Les N'zémas (ou Zémas, Nzimas), peuple noir d'Afrique occidentale, vivant au Ghana et en Côte d'Ivoire, font partie de la confédération des Ashantis.
[2]Voir « Sarzan », p. 35, note 22.
[3]Voir « Sarzan », p. 39, note 26.

1   **sol** (m.) ground
    demeure (f.) dwelling (cf. *demeurer*)
2   **dépasser** *here:* to go beyond (Note this use of the present participle to express the cause of an action.)
4   **lit** (m.) *here:* riverbed
    pépite (f.) nugget
6   **puanteur** (f.) stench (cf. *puer*)
8   **amadouer** to coax, wheedle
9   **maudit** accursed, damned (past part. of *maudire*)
11 **arriver à** to succeed in
    dénombrer to count (cf. *le nombre*)
12 **biche** (f.) doe
    voler to steal (cf. *le vol, le voleur*)
13 **vider** to clear out, empty (cf. *vide*)
    grenier (m.) granary (cf. *le grain*)
    éborgner to blind someone in one eye (*borgne* one-eyed)
    crocodillon (m.) little crocodile (This diminutive appears to have been created by the author.)
14 **décimer** to decimate, destroy a great number
    troupeau (m.) herd (*la troupe* troop)
15 **conscient** *here:* aware
    malmener to mistreat
17 **courbette** (f.) bowing (*faire des courbettes* to bow and scrape)
18 **lutte** (f.) struggle (cf. *lutter*)
    âpre bitter (cf. *l'âpreté*)
    s'afficher to be in evidence (*l'affiche* sign)
20 **gent** (f.) people, nation (This archaic word is generally used ironically.)
22 **voûte** (f.) vault, arch
23 **gîter** to lodge (*le gîte* dwelling)
    désormais henceforth, subsequently
26 **fanfaron** boastful
27 **félon** disloyal, traitorous
    bonasse easy-going
29 **incommoder** to inconvenience, annoy (cf. *commode*)
30 **onde** (f.) wave (This noun is often used, in singular and plural, to refer figuratively to water.)
    foncer *here:* to swoop down
32 **mâchoire** (f.) jaw (*mâcher* to chew)
    ébrécher to crack
33 **intimer un ordre** to order
    importun unwelcome (*importuner* to bother, pester)
    vider les lieux to vacate the premises
34 **offusquer** to offend
    ***hautain** haughty (cf. **haut*)
    alléguer to cite, put forth
35 **millénaire** (m.) a thousand years
    tirer *here:* to get, draw
36 **préposer** to appoint, entrust
38 **égaré** lost, strayed

instant le sol et demandaient à rejoindre leurs demeures, le problème les
dépassant.

Le sol brûlait, les arbres avaient disparu, les eaux évaporées laissaient
voir des lits où se liquéfiaient des pépites d'or, et les êtres mouraient,
mouraient, mouraient. On se demandait si ce n'était point la fin du monde 5
qui s'annonçait. Puanteur de l'air. Ni prières, ni sacrifices, ni promesses
n'apaisaient les dieux et les mânes restaient muets à chaque évocation. On
avait beau flageller, torturer, amadouer ensuite les dieux, rien à faire, le
temps restait le même, implacable, le temps « Abouké », le temps maudit.
On aurait dit que les êtres expiaient quelque crime commis sous le couvert 10
de la fraternité. Et ces crimes, on n'arrivait plus à les dénombrer! Le lion
mangeait les biches, le chat volait l'homme qui tuait les animaux, le rat
vidait les greniers, Martin-pêcheur éborgnait les « crocodillons », le loup
en plein jour décimait les troupeaux, tandis que le gorille et le chim-
panzé conscients de leurs forces malmenaient les femmes et les enfants 15
des hommes. Et tout cela se passait sous le voile de l'amour et de la fra-
ternité avec congratulation aux uns et aux autres, sourires et courbettes.
La lutte pour l'existence était devenue si âpre que l'égoïsme s'afficha
brutalement partout.

Chaque jour le temps devenait plus incandescent. La gent aquatique 20
remontant les fleuves vint se réfugier sous un gros fromager[4] providentiel.
Il formait voûte. Là était la source de toutes les eaux du monde. Là aussi
gîtait désormais la famille crocodile. Martin-pêcheur y porta la guerre.
On l'entendait des airs enflammés, chanter ses prouesses de guerrier in-
vincible, promettant la mort aux poissons et à la famille crocodile. Papa 25
Crocodile le savait fanfaron, aussi écoutait-il, flegmatique, les provoca-
tions verbales de son royal ami félon. Et toujours bonasse, calmait les
poissons et ses enfants, lesquels l'écoutaient, le sachant de bon conseil.

Un jour, incommodé sans doute par l'excessive fraîcheur du souterrain,
Crocodile sortit des ondes. Martin-pêcheur, dès qu'il le vit, fonça sur lui. 30
Crocodile ouvrit un œil, puis l'autre, releva la tête, remua la queue, ouvrit
ses gigantesques mâchoires plantées de vieilles dents ébréchées mais solides
encore, intima l'ordre à l'importun de vider les lieux. Martin-pêcheur en
fut offusqué. Hautain, il allégua mille raisons pour justifier sa présence,
entre autres que, depuis des millénaires, ses ancêtres tiraient leur subsis- 35
tance de l'eau et que Crocodile était leur valet préposé à la garde de la
gent aquatique dont il n'était qu'un spécimen dégénéré. Habitué aux in-
sultes des poissons qui le traitaient d'animal égaré en leur domaine, Cro-
codile, toujours pacifique, pria Martin-pêcheur de s'en aller. Une tolérance
due au principe du bon voisinage ne pouvait constituer une prérogative, 40
encore moins un droit qu'une loi quelconque au monde pouvait sanc-

---

[4]*fromager* Très grand arbre tropical dont les fruits sont enveloppés d'un duvet (down, fluff)
semblable à du coton.

1   **flegme** (m.) *here (colloquial):* impassivity (cf. *flegmatique*)
2   **hors de soi** beside oneself
3   **naseau** (m.) nostril (cf. *nasal, le nez*) (The noun *naseau* is generally used when speaking of certain large animals, like the horse or the ox.)
4   **mettre le feu aux poudres** to set things off, cause a row
5   **prétendre** to claim
8   **relever le défi** to accept the challenge (cf. *défier*)
10 **convenir** *here:* to agree
     se rendre *here:* to go
11 **trancher** *here:* to settle, solve
14 **en nature** in kind
     bourreau (m.) executioner
16 **se mettre à l'abri de** to take refuge from (*l'abri* shelter)
     griffe (f.) claw (cf. *griffer*)
     croc (m.) *here:* canine tooth
18 **cour** (f.) court
20 **marmonner** to mutter
21 **le bruit avait couru** it had been rumored
23 **fléchir** *here:* to move to pity
25 **se retenir de** to refrain from
     croquer to gobble up (cf. *le croc*)
29 **taquiner** to tease
     scène (f.) *here (colloquial):* row, quarrel
30 **guenon** (f.) she-monkey
39 **repartir** *here:* to reply quickly
     plaignant (m.) plaintiff (cf. *la plainte, se plaindre*)
40 **se conduire** to behave
41 **mettre un terme à** to put an end to
42 **accabler** to crush, overpower
43 **s'abstenir de** to refrain from
44 **planer** to soar

tionner. Le ton calme, le flegme de Crocodile, mirent notre Martin-
pêcheur hors de lui. Champion d'une mauvaise cause, il ne trouva d'argu-
ment péremptoire que de piquer Crocodile au naseau! mais cela équivaut à
une véritable déclaration de guerre! C'est mettre le feu aux poudres! Il est
vrai, certes, que Martin-pêcheur prétendra plus tard n'avoir mis aucune in-   5
tention mauvaise en ce geste, mais le fait était là: il avait piqué Crocodile
au naseau. Et Crocodile qui jamais ne pardonne un tel affront, d'instinct,
releva le défi. D'un coup de queue, il envoya Martin-pêcheur se promener
dans les airs. La gent ailée vint à la rescousse. Martin-pêcheur après tout,
n'était-il pas son roi? On convint donc de se rendre chez le Lion pour   10
trancher ce point d'honneur. Le Lion alors était un juge. Ce n'est qu'avec
le temps que, confondant le titre de juge et de roi, on appela le Lion le roi
des animaux. Il était tout d'abord un juge, mais un juge qui se payait en
nature. On peut dire qu'il était à la fois juge et bourreau. La sentence de
mort était la seule sentence qu'il savait prononcer. Ainsi tous les animaux   15
qui tenaient à se mettre à l'abri de ses griffes et de ses crocs, venaient-ils se
ranger sous sa protection. Et ils devinrent si nombreux qu'ils formèrent
sa cour. Il était leur roi, mais pour les autres animaux, le Lion restait un
juge.

Lion donc, dans sa cour, et au milieu de sa cour, marmonnait des prières   20
interminables. Lui aussi faisait pénitence. Le bruit avait couru, lancé par
on ne savait qui, que tous les animaux devaient faire pénitence afin de
fléchir les dieux. Et tous faisaient pénitence, car chacun avait quelque
chose à se reprocher. Lion donc faisait pénitence. Et c'était avec beaucoup
d'énergie, avec des efforts inimaginables qu'il se retenait de croquer les   25
animaux qui, malgré la rigueur du temps, avaient encore le courage de se
quereller. On ne reconnaissait vraiment plus le Lion tant il était devenu
doux, aimable, patient!

Et le Singe qui aime taquiner, un jour, mimant une scène qu'il avait eue
avec la guenon, sa femme, lui marcha intentionnellement sur la queue.   30
Lion ne dit rien au grand étonnement des assistants. Il ne sortit pas ses
griffes. Crocodile et Martin-pêcheur se présentèrent devant le Lion qui
marmonnait des litanies.

— Qui es-tu?
— Martin des Airs.   35
— Et toi?
— Crocodile des Eaux et de la Terre.
— Encore un amphibie, celui-là. Qu'avez-vous de commun?
— Rien, repartirent les plaignants.
— Eh bien! restez désormais dans vos domaines respectifs et conduisez-   40
vous de la même façon que moi, pour mettre un terme au temps terrible qui
accable notre monde.

Martin-pêcheur ne put s'abstenir de pêcher. C'est pourquoi nous le
voyons encore de nos jours planer sur les fleuves, les lagunes et les rivières.

1   **élire** to elect (cf. *l'élection*)
5   **milieu** (m.) *here:* circle, group
    être bien en cour to be in favor

Les oiseaux le détrônant élirent pour roi, l'aigle. Mais l'aigle aussi se mit à pêcher.

Et depuis ils se cherchent un roi qui les réconcilierait avec la gent aquatique.

On dit dans certains milieux que l'homme, pour cette place, serait bien 5 en cour.

QUESTIONS

1. Décrivez les rapports qui existaient autrefois entre les créatures.
2. Qu'est-ce qui évoque le paradis terrestre?
3. Qu'est-ce qui montre que l'auteur pense à la fois aux hommes et aux animaux?
4. Comment peut-on obtenir la présence des dieux ou des ancêtres?
5. Qu'est-ce que les vivants attendent habituellement des morts?
6. La sécheresse dont il est question est-elle seulement matérielle? Quelles sont ses conséquences?
7. Faites le portrait moral de Martin-pêcheur et de Crocodile.
8. Quelles sont les causes matérielles et morales de la guerre entre Crocodile et Martin-pêcheur?
9. Pourquoi le jugement rendu par le Lion ne peut-il pas être respecté?
10. Étant donné l'attitude de l'homme à l'égard des animaux, montrez que la conclusion de ce conte est plutôt pessimiste.

SUJETS DE DISCUSSION

1. Quel est le ton du début: conte de fées ou satire?
2. Comment passe-t-on du plan matériel au plan moral dans l'annonce d'un conflit entre les animaux?
3. Comparez le tableau de la sécheresse et la scène du jugement avec les « Animaux malades de la peste », de La Fontaine (*Fables*, VII, 1).
4. En racontant les origines de la guerre entre Crocodile et Martin-pêcheur, quelles réflexions l'auteur nous invite-t-il à faire?
5. Qu'est-ce qui amène les animaux de ce conte à chercher un roi en dehors de leur communauté? Quelle conclusion faut-il en tirer?
6. Remarquez le mélange des tons dans ce conte.

araignée (f.) spider
1   fourberie (f.) cunning (cf. *fourbe*)
2   piste (f.) trail
7   par mégarde inadvertently
     pan (m.) corner, piece
     pagne (m.) type of loincloth
8   encombrant cumbersome, in the way
11   sale *here (colloquial):* unpleasant, nasty (In this use, the adjective is always placed
        before the noun.)
13   béquille (f.) crutch
     fluet slender
16   pincée (f.) touch, pinch
19   engeance (f.) motley crew
     une sacrée famille a damned family (*Sacré* is used sarcastically here.)
23   hécatombe (f.) great slaughter
25   effeuillé stripped of leaves (cf. *la feuille*)
26   tarir to dry up
     passe que let it be that, let it suffice that (The whole clause qu'on n'ait rien . . .
        dent is the subject of *passe*.)
28   étancher *here:* to quench
30   maraudeur plundering
32   joncher to litter, strew
     puer to stink
33   fossoyeur (m.) grave-digger (cf. *la fosse*)
     pour comble de malheur as a crowning blow
34   chu = tombé (cf. *la chute*) (The archaic verb *choir* is used only in certain forms,
        including this past participle.)

Araignée, mauvais père

Araignée père est un être plein de vices dont la malice et la fourberie sont les moindres. Il tend la nuit des fils d'argent en travers de nos pistes bordées d'herbes chargées de rosée. Il prétend, ce père malicieux, nous barrer la route à nous, les hommes. C'est du moins ce qu'il raconte aux siens dans l'estime desquels nous n'avons sûrement pas de place de choix. 5 En réalité, rentrant précipitamment d'une escapade nocturne, il a simplement laissé là, par mégarde, des pans de son pagne.

C'est aussi un voisin encombrant. Pour nous beaucoup plus encombrant que mauvais père. Il n'y a qu'à regarder des plafonds ou des coins de murs pour s'en convaincre. 10

Ah! la sale bête, qu'il faut détruire jusqu'aux œufs. Et avant que nous soyons armés, Araignée qui dort un œil ouvert, ayant pressenti le danger, a déjà disparu sur ses béquilles fluettes.

Araignée, toujours araignée, partout araignée; Araignée « Ekèdèba », sa femme « Côlou » et son fils aîné « Eban ». Un beau ménage vous pouvez le 15 croire. Un ménage où la loi de la jungle règne souvent avec la pincée de malice, la dose de ruse, la quantité de fourberie qu'il faut, mais tout juste alors. Ni plus ni moins. La quantité pour punir ou faire rire, est dans le sang de cette engeance Araignée. Une sacrée famille que cette famille-là.

Écoutez encore ce mensonge, les mensonges ont la vie dure et les contes 20 ne sont que des mensonges, dit la vieille Taya.[1]

C'était pendant une famine, une famine terrible, une famine sans précédent, une famine qui pouvait battre le Déluge au record d'hécatombes. En effet, hommes et bêtes mouraient par milliers.

Les arbres étaient effeuillés. Les ignames[2] sauvages ne donnaient plus; 25 les fruits, n'en parlons pas. Les sources étaient taries. Passe qu'on n'ait rien à se mettre sous la dent, mais, au moins, qu'on ait un peu d'eau pour étancher sa soif. Mais non, les sources elles aussi étaient taries, et les champs brûlés de soleil, et la forêt entière, mourante, et les oiseaux avaient fui. Où étaient-ils passés tous ces singes maraudeurs du bon temps? 30

Ils mouraient, eux aussi, car hommes et bêtes mouraient par milliers. Les rues étaient jonchées de cadavres et les sous-bois puaient et les arbres brûlaient tant le soleil était torride. Les fossoyeurs, un jour, pour comble de malheur, las et affamés, pris de vertige, avaient chu dans une tombe qu'ils venaient de creuser. Beaucoup d'êtres imploraient vainement une 35 mort qui semblait prendre plaisir à leurs souffrances. Hommes et bêtes mouraient, sauf une seule espèce de « bêtes »... devinez! Elles sont si

---

[1]*Taya*   Nom de femme, désignant ici une conteuse.
[2]*igname*   Plante cultivée dans les régions chaudes. Ses tubercules, riches en amidon (*starch*), servent à l'alimentation.

1   **agaçant** bothersome, annoying
     bourdonner to buzz (*le bourdon* bumblebee)
3   **s'acharner** *here:* to swoop down and attack
4   **charogne** (f.) rotting corpse
5   **mordoré** reddish-brown
6   **s'abattre** to pounce
     proie (f.) prey
     frotter to rub
7   **patte** (f.) leg
     n'en pouvoir plus *here:* not to be able to stand it any longer
8   **décret** (m.) decree (cf. *décréter*)
9   **usage** (m.) *here:* custom
10   **disette** (f.) famine
     inconséquent irresponsible
11   **s'accrocher à** *here:* to hang on to, cling to (*le crochet* hook)
     pratique (f.) *here:* custom, usage
12   **têtu** stubborn
13   **qu'à cela ne tienne** never mind that
     tour (m.) *here (colloquial):* trick
14   **vespéral** evening (*les vêpres* vespers)
     à brûle-pourpoint point-blank
16   **gifler** to slap (cf. *la gifle*)
22   **en guise de** by way of (*la guise* manner)
23   **aïeul(e)** (m., f.) *here:* ancestor
     recette (f.) recipe
24   **bestiole** (f.) little animal (cf. *la bête*)
25   **assaisonner** to season
     piment (m.) pimiento, pepper
     braise (f.) embers
32   **battre** *here:* to wander through
     brousse (f.) tropical brushland
     revenir bredouille to come back empty-handed
33   **ses fantômes de jambes** his phantomlike legs (Note the idiomatic use of *de*
        between two nouns in apposition, to emphasize the first.)
     se gaver to stuff oneself
34   **s'affaler** to slide down
35   **cogiter** (*colloquial*) to meditate
39   **calciner** to burn down

agaçantes, bourdonnent tant! Oui les mouches! Elles ne mouraient pas, elles.
Elles ne mouraient pas, les mouches, quand les fleuves étaient à sec et que
les arbres brûlaient. Les mouches, elles, vivaient encore pour s'acharner
sur toutes les charognes. Et elles grossissaient, les mouches, prenant du
ventre et de la couleur, de la belle couleur verte, mordorée, et avec cela   5
une nouvelle façon spéciale de s'abattre sur les proies, de se frotter les
pattes! Non vraiment Araignée n'en pouvait plus.

C'est de la bonne viande tout cela. Quel décret empêche de manger les
mouches?[3] Seule l'abondance avait pu faire établir cet usage. Or aujourd'hui
que la disette a remplacé l'abondance, n'est-il pas réellement inconséquent   10
de s'accrocher à de vieilles pratiques? Si! Si! C'est de la pure idiotie. Mais
comment faire admettre cela par une femme aussi têtue que Côlou! Bah!
qu'à cela ne tienne. Ekèdèba a plus d'un tour dans son sac, c'est pourquoi,
un soir, au cours des lamentations vespérales, il dit à brûle-pourpoint à
sa femme: 15

— Gifle-moi, ma chère, gifle-moi de toutes tes forces.

— Pourquoi veux-tu que je te gifle?

— Gifle-moi de toutes tes forces, car je suis un idiot.

— C'est bien que tu reconnaisses ton idiotie, mais en quoi mes gifles à
moi pourraient-elles te servir? A ton âge on ne change pas.   20

— Femme, gifle-moi ou je te gifle.

Et Côlou le gifla, ce pauvre mari, qui en guise de confession lui dit:

— Hier, en songe, une aïeule m'a révélé une recette: le bôdoah[4] de
mouches, car ces bestioles se mangeaient, avant, avant, avant. Il suffit de
mettre les mouches, assaisonnées de piment et de sel, cuire sous la braise,   25
dans un paquet de feuilles vertes.

— C'est tout?

— Oui, c'est tout.

— Essayons voir!

Côlou essaya la recette, la trouva bonne et la famille araignée désormais   30
put subsister en attendant des temps meilleurs, des temps meilleurs qui ne
venaient pas. Et Ekèdèba, battant la brousse, chaque soir, revenait bre-
douille, vacillant de faim sur ses fantômes de jambes, se gavait de bôdoah,
s'affalait sur son lit de paille, imposait silence par instants à ses enfants
qui par leurs cris l'empêchaient, disait-il, de cogiter sur les misères de   35
l'époque. La chasse aux mouches était devenue un véritable sport auquel
on se livrait même la nuit.

Depuis deux jours Araignée courait la forêt. Depuis deux jours il ne
voyait qu'une forêt calcinée. Depuis deux jours sous ses pieds, autour de
lui ne se levaient que des légions de mouches voraces. Depuis deux jours il   40
n'avait ni bu, ni mangé. Depuis deux jours il allait de mirage en mirage

[3]L'auteur fait allusion aux prohibitions alimentaires en vigueur chez plusieurs peuples africains.
[4]*bôdoah* Sorte de ragoût.

1   **lieue** (f.) league (app. 2.5 miles)
5   **maîtresse** (adj.) principal, major (As an adjective this word is used almost exclusively in the feminine.)
17   **plus d'égoïsme** no more selfishness (Note the negative force of the adverb *plus*.)
22   **à peine** scarcely (Note the inverted word order after *à peine*.)
23   **miel** (m.) honey
24   **au cœur tendre** tender-hearted (The preposition *à* is often used in this descriptive sense.)
25   **à partir de** after
31   **mentir** to lie (cf. *le menteur, le mensonge*)
32   **apeuré** frightened (cf. *la peur*)
33   **breuvage** (m.) potion, drink
     braver to defy
36   **blanchir** *here:* to exonerate
37   **luisant** shiny (pres. part. of *luire*)
     poil (m.) hair
39   **filou** (m.) thief, swindler (Note the same idiomatic use of de as in *ses fantômes de jambes.*)
41   **en éclair** like lightning

devant lui, couvrant des lieues. Mais est-ce un autre mirage après tant d'autres mirages? Est-il éveillé ou dort-il? Devant lui était un arbre en fleurs, avec dans le feuillage tous les oiseaux du monde, tous les fruits de l'univers et des canaris[5] d'or par-ci, des canaris d'or par-là, pendus aux branches maîtresses.

Est-ce vrai qu'il a entendu quelqu'un l'appeler par son nom?

— Ekèdèba?

— Qui donc m'appelle? Est-ce que je rêve? Mais non, je tiens un arbre.

— Ekèdèba.

— Qui m'appelle?

— C'est moi.

Et personne à l'entour, à part des arbres calcinés et des charognes et des régiments de mouches affamées.

— Qui toi?

— C'est moi. Le nom, du reste, t'importe peu. Si tu voulais changer, je t'aurais rendu le plus grand service de ta vie.

— Comment donc! J'ai, du reste, beaucoup changé ces temps-ci, plus d'égoïsme, plus de vilains tours à personne. On peut facilement me porter sur la liste des saints futurs. Et moi, Ekèdèba, descendant du grand Ekèdèba, le roi de la malice, jure, jure sur mon honneur de pratiquer l'altruisme.

A peine avait-il fini de parler qu'un vase tomba devant lui. C'était un vase de miel fin... Le quatrième jour au soir, Ekèdèba rentra chez lui avec son vase qu'il dit être un fétiche[6] donné par un génie[7] au cœur tendre, fétiche puissant que personne ne devait approcher. Et à partir de ce jour, le bon père de famille qu'était Ekèdèba, refusa de toucher à sa ration de mouches, prétextant des fatigues, des malaises, est-ce que je sais? Quand sa femme le pressait de trop près il se fâchait, gesticulait et prenant son fétiche disait:

— Fétiche puissant, c'est à toi que je demande la preuve de mon innocence. Si je mens, que je meure immédiatement.

— Rétracte, rétracte! hurlait la famille apeurée. Ekèdèba se servait quelques coupes du breuvage fétiche et bravait ses accusateurs:

— Voyez-vous, je ne suis pas mort, c'est que j'ai dit la vérité.

Et toujours Ekèdèba disait la vérité, puisque son fétiche non seulement le blanchissait, mais le faisait grossir. Oh! quel bon fétiche! Et ses jambes devenaient plus consistantes, et son ventre plus luisant, et ses poils plus longs. Le fétiche d'Ekèdèba était vraiment un bon et puissant fétiche. Les fétiches les plus puissants du monde, même ceux de ce filou d'Eboublé, aujourd'hui mort comme un chien, ne font pas grossir. Et mille idées en éclair passaient par la tête de Côlou. Oui, mais si c'était réellement un

[5]Voir « Les Mamelles », p. 13, note 11.
[6]Voir « Sarzan », p. 39, note 26.
[7]Voir « Les Mamelles », p. 13, note 10.

1   **fond** (m.) **à éclaircir** problem to be cleared up
5   **jeûne** (m.) fasting
6   **n'y voir que du feu** to understand nothing
9   **gibier** (m.) game
13 **effectivement** actually
14 **à la barbe de** in the face of (*la barbe* beard)
17 **piquer** to sting
    palais (m.) *here:* palate
    coriace hearty, tough
    épuiser to exhaust
18 **éprouver** to test (cf. *l'épreuve*)
19 **mijoter** to cook slowly, simmer
20 **embaumer** *here:* to perfume (*le baume* balm)
    s'ébattre to jump with joy
21 **araignon** (m.) The author seems to have coined this diminutive of *araignée*.
    goguenard scoffing, mocking
22 **en = comme**
24 **tenailler** to torture (*la tenaille, les tenailles* pincers)
    éructer to belch
26 **acculer** to back up (against the wall, etc.) (*le cul* backside)
    excéder *here:* to wear down, drive to distraction
    s'emparer de to take hold of
27 **boire à même** to drink directly from
29 **boyau** (m.) *here:* bowel
    se tordre to writhe
35 **en travail** in labor, in childbirth
36 **taquiner** to tease
38 **être à bonne école** to be well-trained

fétiche. Il y avait là quelque chose de troublant, un fond à éclaircir. Et Côlou y songeait, ses enfants aussi.

Araignée, lui, courait la brousse et revenait le soir se remplir de miel pour rêver ensuite aux étoiles et conter de vieilles histoires du temps de l'abondance. Et le jeûne faisait grossir Ekèdèba. Et toute la famille bien 5 qu'intriguée n'y voyait que du feu.

« Pourtant, ce n'est pas possible », murmurait Côlou en préparant son plat de mouches. » « Et pourtant ce n'est pas possible », se disaient les enfants en chassant le gibier...

Cela durait, cela aurait duré plus encore si Eban un jour, pour se justifier 10 aux yeux de sa mère, n'avait juré sur le fétiche de son père; il en prit un verre. Il le trouva doux, doux comme du miel de première lune[8] et c'était effectivement du miel, du miel fin qu'Ekèdèba, égoïstement en une triste comédie, consommait à la barbe des siens.

Indignée, Côlou vida le vase et le remplit d'une solution de piment fort, 15 très fort, de ces petits, tout petits piments qui pendant quatre jours consécutifs piquent les palais les plus coriaces, épuisant ce jour-là toute sa science culinaire très éprouvée en la confection du meilleur bôdoah de mouches. Et il sentait bon, ce bôdoah dans lequel avaient mijoté mille ingrédients. Et il embaumait l'air ce bôdoah autour duquel s'ébattaient 20 tous les araignons. Et le soir venu, Ekèdèba, goguenard, rentrait au logis, refusait encore de manger, préférant, dit-il en bon père qu'il était, laisser sa part à ses pauvres enfants dont l'idée même de leurs souffrances lui tenaillait le cœur. Après avoir bien mangé et bien éructé[9] — le bôdoah était si succulent — Côlou intentionnellement, le presse de questions. 25 Acculé, excédé, Ekèdèba se fâche, s'empare de son fétiche, prononce la formule devenue rituelle et le boit à même le vase. « Prou! prou! prou! hu! ha! hu! ha! Horreur! Ce n'est que du piment hu! ha! hu! ha! »

La langue et les boyaux en feu, il se tord sur le sol, le pauvre Ekèdèba! Il se tord en criant: 30

« Quelqu'un a touché à mon fétiche! Quelqu'un a touché à mon fétiche! Prou! prou! hu! ha! hu! ha! »

Pour comble de misère, en jetant le vase, des gouttes de liquide lui étaient tombées sur les yeux. Pauvre Araignée! Il fallait le voir se rouler sur le sol dans la poussière, se tenant le ventre comme une femme en tra- 35 vail. Et Côlou riait. Et Ekèdèba pleurait. Et les enfants pour le taquiner lui disaient: « Papa, voici de l'eau ». Araignée ouvrait une bouche large et les araignons qui étaient à bonne école de malice laissaient tomber dans la bouche du bon papa, quelques gouttes de miel.

— Mais c'est mon fétiche, hurlait le bon papa de famille, le papa au 40 cœur tendre. Hu! Ha! Hu! Rendez-moi mon fétiche ou il vous tuera tous.

---

[8] *de première lune* Expression qui s'applique parfois à des produits de première qualité.
[9] L'éructation est considérée, dans certains pays africains, comme une façon polie d'indiquer qu'on a bien mangé, bien apprécié un repas.

8 **subir** to undergo
supplice (m.) torture
9 **aboutir à** to arrive at (*le bout* end)
11 **gent** (f.) people, nation (This archaic word is generally used ironically.)
12 **Eban en tête** beginning with Eban
17 **ramener dans la bonne voie** to bring back to the straight and narrow
taré corrupt, depraved (*la tare* defect, blemish)
22 **apache** (m.) *here (colloquial):* wild one, bandit
25 **case** (f.) hut

— Ouvre ta bouche, papa.

Et le pauvre ouvrait la bouche.

— Papa, veux-tu du fétiche ou du miel?

— Du fétiche! Et la solution de piment tombait par gobelets pleins!

— Prou! Prou! hu! ha! hu! ha! 5

— Papa, veux-tu du miel ou du fétiche?

— Du miel! Et le miel tombait.

Pendant deux jours Ekèdèba subit ce petit supplice, deux jours comme les deux jours durant lesquels il marcha de mirages en mirages pour aboutir à l'arbre généreux. Deux jours pendant lesquels il se demandait s'il allait 10 survivre et quelle punition il devait infliger à toute la gent araignée. Eban en tête!

— Papa, veux-tu du fétiche ou du miel?

Deux longs, très longs jours de vilain jeu, de cette correction bien méritée. Deux jours d'absorption de solution de piment très fort, deux jours de 15 fièvres, de révoltes, de menaces, d'espoirs et de désespoirs! Deux jours de supplice raffiné qui aurait ramené l'individu le plus taré dans la bonne voie.

Vous dites l'individu le plus taré et non Araignée. Heureusement, car pensez-vous que Ekèdèba, lui, profita de la leçon? Pas du tout. Vous le connaissez mal, Ekèdèba! Quand je vous dis que l'Araignée est un être 20 plein de vices!

Abandonnant son domicile, il partit continuer ailleurs sa vie d'apache. Ah! ce mauvais père!

Et c'est depuis ce jour-là que nous le rencontrons un peu partout, au coin des murs, au plafond des cases, au pied des arbres, au bord des fleuves... 25 Il est toujours à la recherche du lieu où il trouva le vase de miel.

QUESTIONS

1. Comment l'auteur assimile-t-il l'Araignée à un être humain?
2. Où commence le conte proprement dit? A qui l'auteur s'adresse-t-il avant? Pourquoi?
3. Comment l'auteur décrit-il la famine?
4. L'auteur dit qu'une seule espèce de « bêtes » ne mourait pas: les mouches. Sont-elles vraiment les seules?
5. Pourquoi ne mangeait-on pas les mouches?
6. Racontez le songe d'Ekèdèba. Sa femme a-t-elle réagi comme il le voulait?
7. Quelles sont les occupations d'Ekèdèba pendant la journée? le soir?
8. Quel événement extraordinaire se produit?
9. Pourquoi, selon Ekèdèba, pourrait-on le mettre sur « la liste des saints futurs » (page 77, ligne 19)?
10. Quels sont les effets produits sur Ekèdèba par « le fétiche »?

   lueur (f.) light
1 témoin (m.) witness (cf. *témoigner*)
6 vivre aux crochets de to live at the expense of someone, sponge off someone
7 pagne (m.) type of loincloth
8 teint (m.) dye, color (cf. *teindre*)
   jumeau (m.) twin
10 s'écouler *here:* to pass, slip away

11. Pourquoi Côlou a-t-elle des doutes?
12. Quelle ruse Côlou invente-t-elle?
13. Quel sentiment éprouve-t-on pour Ekèdèba?
14. Ekèdèba a été puni, mais a-t-il été corrigé? Pourquoi? Qu'a-t-il fait ensuite?
15. Quelle sorte de moralité offre ce conte?

SUJETS DE DISCUSSION

1. A propos des fils tendus par l'Araignée, l'interprétation donnée par l'auteur vous paraît-elle plus vraie que celle qui est donnée par l'Araignée? Quel est donc le ton employé par l'auteur?
2. Comment le conteur rend-il sensible la présence agaçante des mouches?
3. Quels vices d'Ekèdèba nous sont ici montrés? Sa femme et ses enfants sont-ils meilleurs que lui?
4. Comment l'auteur réussit-il à nous intéresser à son personnage bien qu'il le présente dès le début comme « un être plein de vices »?
5. Étudiez le ton satirique de l'auteur dans ses nombreuses interventions à travers le conte.
6. Quels rapprochements pouvez-vous faire, au sujet du style et au sujet de la moralité, entre « Le Crocodile et le Martin-pêcheur » et « Araignée, mauvais père »?

La Lueur du soleil couchant

« La lueur du soleil couchant seule sera notre témoin. »

Il y a longtemps de cela. Dans un village étaient deux amis, deux amis inséparables. On ne voyait jamais l'un sans l'autre et l'on disait d'eux qu'ils étaient l'ombre l'un de l'autre.

Tout chez eux se faisait en commun. Aussi les citait-on en exemple dans 5
le village. Riches tous les deux, aucun d'eux ne vivait aux crochets de l'autre. Ils portaient des pagnes de même nuance, des sandales de même teint. On les aurait pris pour des jumeaux. Tous deux étaient mariés. Et ils s'appelaient Amantchi et Kouame.

L'existence pour eux s'écoulait paisible. Ils partaient ensemble pour 10
les voyages d'affaires et ensemble encore, revenaient. Jamais on ne voyait l'un sans l'autre. Pour une amitié c'en était véritablement une.

2   **ergoter** *(colloquial)* to quarrel, quibble
4   **sous les dehors de** under the appearances of (Note this substantive use of the adverb *dehors*, usually plural, and of the adverb *dessous* in line 6.)
5   **avoir un faible pour** to be infatuated with
6   **dessous** (m.) *here:* hidden reason
8   **jaser** to gossip
    las tired
    il s'était tu pluperfect of *se taire* (to be silent)
9   **arriver à** to succeed in
    jeter le trouble to arouse suspicions
10 **parvenir à** to succeed in
    brouiller *here:* to estrange (*la brouille* quarrel)
11 **aller du même train** to go on in the same way
14 **aiguille** (f.) *here:* hand
    cadran (m.) *here:* face (of a clock)
    sursauter to leap up (cf. *sauter*)
15 **jouir de** to enjoy
17 **se comporter** to behave
18 **s'éteindre** to die out
19 **voire** and even
20 **sans encombre** without hindrance (cf. *encombrer*)
21 **se faire** to become
22 **franchir** to pass over
    cime (f.) top
25 **revenant** (m.) ghost (cf. *revenir*)
    case (f.) hut
26 **soit . . . soit** either . . . or
28 **sorcier** (m.) magician, sorcerer
    se mêler de *here:* to be involved in
    se saisir de to take hold of
30 **racheter** *here:* to redeem
35 **en dépit de** in spite of
38 **en tête** *here:* ahead
39 **trotter par la tête** to run through one's head

Chaque soir, ils partaient se promener dans la plantation de l'un ou de l'autre, et jamais n'ergotaient sur le sens de tel ou tel mot prononcé par l'un d'eux... Ils étaient, pour tout dire, heureux. Mais qui aurait jamais cru que sous les dehors d'une amitié aussi tendre et chaude, aussi sûre et constante, il y avait une ombre? Qui aurait cru qu'Amantchi avait un 5 faible pour la femme de Kouame? Qui aurait cherché un dessous aux nombreux cadeaux qu'il venait tout le temps faire à cette femme?

Au début, le village avait jasé. Puis las de jaser, il s'était tu puisqu'il n'était pas arrivé à jeter le trouble dans l'esprit de Kouame, puisqu'il n'était point parvenu à brouiller les deux amis. Et il s'était tu, le village. 10 Et les choses avaient continué à aller du même train qu'avant.

La vie était belle. L'on vieillissait avec le temps et jamais avant le temps. On dormait bien et s'amusait bien. On n'avait pas à courir après les aiguilles d'un cadran quelconque, encore moins à tout le temps sursauter à un coup de sirène. On prenait son temps pour jouir de tout: on ne se pres- 15 sait point. La vie était là, devant soi, riche, généreuse. On avait une philosophie qui permettait de se comporter de la sorte. On se savait membre d'une communauté qui jamais ne devait s'éteindre... Pour voyager, on pouvait bien mettre des jours et des jours, voire des mois. On était sûr d'arriver sans encombre, sans accident aucun... On partait au chant du 20 coq, on se reposait lorsque le soleil se faisait trop chaud, on repartait dès qu'il avait franchi la cime des arbres et on s'arrêtait le soir dans le premier village venu pour se coucher. Connu ou non, on était reçu avec plaisir. L'étiquette commande. On parlait des diables, des génies[1] et des revenants comme on aurait parlé d'un voisin de case avec la convic- 25 tion qu'ils existaient. Et un homme qui mourait, mourait soit de maladie naturelle sans complication aucune due à une transgression d'interdit,[2] soit parce que les diables et les sorciers s'en étaient mêlés, s'étaient saisis de son « ombre », son âme. On se livrait alors à toute une série de céré- monies compliquées et on arrivait à sauver l'homme, à le racheter comme 30 on disait. Et alors chacun essayait de se protéger contre ces actions occultes. Et comme tout le monde, Amantchi et Kouame ne manquaient pas à cette règle. Et chacun savait ce qu'avait son ami pour se protéger.

Et le village après avoir vainement jasé, s'était tu.

Les deux amis en dépit des rumeurs du village restaient amis. 35

Un soir, comme d'habitude, ils partirent en promenade. Mais ce soir-là, seul Amantchi en revint, au grand étonnement de tout le village.

Ils rentraient de promenade, Kouame marchait en tête. Amantchi sui- vait avec d'étranges idées qui lui trottaient par la tête, poursuivi par

---

[1]Voir « Les Mamelles », p. 13, note 10.
[2]*interdit* Action défendue. Les interdits peuvent porter sur des actions générales, des attitudes à observer suivant les circonstances, et sur des prescriptions matérielles, surtout alimentaires. La transgression d'un interdit provoque la colère des morts, sources et gardiens du code social et moral, et entraîne des calamités diverses.

2   ***hantise** (f.) obsession (**hanter* to haunt)
3   **dompter** to subdue
     bavarder to chat (*bavard* talkative)
6   **grisant** intoxicating (*gris* drunk)
7   **rejoindre** *here:* to rejoin, return to
     nid (m.) nest
8   **cueillir** to gather
9   **manguier** (m.) mango tree (cf. *la mangue*)
10   **abeille** (f.) bee
     en quête de in search of
11   **libellule** (f.) dragonfly
     papillon (m.) butterfly
     prendre le frais to enjoy the fresh air
14   **colibri** (m.) hummingbird
     tisserin (m.) weaverbird (*tisser* to weave)
15   **éventer** to fan (cf. *l'éventail, le vent*)
16   **concourir** *here:* to combine, unite
     chatouiller to tickle (cf. *chatouilleux*)
18   **river** to rivet, fix
     nuque (f.) nape of the neck
23   **fixer** to stare at
     son assassin d'ami Note the idiomatic use of *de* between two nouns in apposition,
       to emphasize the first.
27   **traîner** to drag
31   **ensevelir** to bury
32   **dalle** (f.) slab
33   **s'accrocher à** to catch onto (*le crochet* hook)
     caillou (m.) pebble, stone
34   **talonner** to follow closely (*le talon* heel)
35   **brindille** (f.) twig (*le brin* blade, sprig)
     baie (f.) *here:* berry
     touffe (f.) tuft
36   **charrier** to carry along (*le char* cart)
37   **pêcherie** (f.) fishing area (cf. *pêcher, la pêche*)
     mouette (f.) sea gull
     somnoler to drowse
38   **martin-pêcheur** (m.) kingfisher
39   **prendre le large** to leave, put out to sea

l'image de cette femme que depuis fort longtemps il cherchait. Il avait
toujours réussi à dominer cette hantise, mais aujourd'hui, c'était plus fort
que lui. Il était dompté. Son ami allait de son pas le plus tranquille, bavar-
dant, et lui suivait, répondant machinalement à toutes les questions de
l'autre. Il voyait la femme, elle lui parlait. Il sentait son parfum, quelque   5
chose de très grisant. Ils s'en allaient tous deux, l'un précédant l'autre.
   Les oiseaux en groupes rejoignaient leur nid. La brise chargée de tous les
parfums cueillis en route passait, odoriférante, légère, douce, caressante.
Les palmiers agitaient paisiblement leurs branches. Les manguiers et
deux orangers en fleurs étaient pleins d'abeilles en quête de nectar. Des   10
libellules allaient çà et là... montant, descendant. Des papillons prenaient
le frais, posés sur des feuilles. Partout, dans les feuillages comme dans les
herbes, il y avait concert. Des toucans[3] passaient, bruyants, tandis que des
colibris et des tisserins bavardaient dans les orangers. Les bananiers, de
leurs feuilles, s'éventaient les uns les autres. Partout régnait le calme, la   15
paix... Tout concourait à l'amour: les pigeons sur les branches se chatouil-
laient du bec... Kouame allait toujours. Amantchi suivait... Il suivait
fiévreux, toujours prêt à frapper, les yeux rivés sur la nuque de son ami...
Il se rapprochait de lui. Deux fois il s'était rapproché de lui. Trois fois...
   Que vient-il de faire? Est-ce possible? Son ami, son seul ami?   20
   Le soleil se couchait. Il projetait des lueurs rouges, des lueurs de flammes,
des lueurs de sang par le ciel.
   Kouame ouvrant une dernière fois les yeux, fixa terriblement son assas-
sin d'ami et lui dit:
   « Tu m'as tué? Il n'y a pas eu de témoins? Eh bien! la lueur du soleil   25
couchant seule sera notre témoin. »
   Amantchi traîna le mort jusqu'au fleuve qui coulait près de là et l'y
jeta. D'abord il lui avait paru que l'eau lui opposait de la résistance, que
l'eau refusait d'accepter ce corps de mort, qu'elle ne voulait pas de cette
horrible et criminelle paternité. Elle finit cependant par céder. Elle   30
s'ouvrit, puis ses lèvres se rapprochèrent, se soulevèrent et ensevelirent
Kouame sous leur dalle d'eau. A un moment, il parut à Amantchi que
Kouame essayait de s'accrocher à un des nombreux cailloux qui peuplaient
le fond du fleuve. Mais le courant le poussait, le talonnait, et ce corps
s'en allait en compagnie des brindilles, des feuilles, des baies et des touffes   35
d'herbes ambulantes charriées par le fleuve...
   Sur les pêcheries, des mouettes qui somnolaient se levèrent avec un
ensemble parfait et sur un seul cri, s'en allèrent. Un martin-pêcheur qui
cherchait sa pitance, lui aussi prit le large. Le crime leur paraissait mons-
trueux et c'était leur façon à eux de protester. Le soleil, lui, jetait tou-   40
jours des lueurs de sang, et le ciel était rouge, rouge, dirait-on du sang de
Kouame. Les oiseaux plongeaient leur tête dans l'eau, en révérence au

---

[3]*toucan*   Oiseau à bec volumineux et a plumage vivement coloré.

1   **s'ébrouer** *here:* to flutter (This verb usually refers to the rapid fluttering of a bird's wings or the breathy neighing of a frightened horse.)

2   **train** (m.) **avant** foreparts (cf. *l'arrière-train*) (The term more commonly applied to animals is *train de devant.*)

6   **se voiler** to hide oneself (*le voile* veil)
     prendre le deuil to go into mourning

10   **habits** (m. pl.) clothes
     tacher to stain (cf. *la tache*)

22   **égaré** lost, strayed

24   **parcourir** to go over, examine (cf. *courir*)
     brousse (f.) tropical brushland
     à la recherche de in search of

25   **au fil de l'eau** with the stream
     boueux muddy (cf. *la boue*)
     crue (f.) swelling (of a river) (*croître* to increase)

26   **subit** sudden
     insolite unusual

29   **entorse** (f.) **à la coutume** change from the custom (Note this common figurative use of the noun *entorse*, usually used in the sense of a sprain or twist.)

30   **vécurent** past definite of *vivre*

31   **seulement voilà** *(colloquial):* but

33   **s'apprêter** to get ready (cf. *prêt*)

38   ***hagard** drawn, frightened-looking

corps que le courant emportait. Les arbres s'ébrouèrent sous le vent brusque qui passa. Les margouillats[4] appuyés sur leur train avant tournèrent la tête à droite, à gauche, comme pour dire:

« Quoi, c'est ça l'amitié des hommes? »

Le soleil qui jetait des lueurs de sang, lorsque disparut le corps de   5
Kouame se voila la face derrière un rideau de nuages noirs. Le ciel prenait le deuil.

Au village des vieillards eurent des pressentiments et se dirent que des faits anormaux se passaient.

Amantchi rentra chez lui, se déshabilla, cacha ses habits tachés de sang   10
sous son lit, en prit d'autres et courut chez la femme de son ami.

— Où est ton mari?

— Mon mari? Mais c'est à moi de te poser cette question!

— Comment, il n'est pas encore rentré?

— Où l'as-tu laissé?   15

— En route.

— En route?

— Oui.

— C'est étrange...

La nouvelle vola de case en case et en quelques minutes eut fini de courir   20
le village qui sortit tous ses tam-tams et les battit longtemps pour appeler Kouame que l'on croyait égaré. Pendant des jours et pendant des nuits, les tam-tams battirent. Pendant des jours et pendant des nuits les hommes parcoururent la brousse à la recherche de Kouame, de Kouame dont le corps s'en était allé au fil de l'eau maintenant rendue boueuse par une crue   25
subite, étrange, insolite. Au bout de trente jours de cette vaine recherche, la conviction se fit totale, de la mort de Kouame. Ses funérailles furent grandioses.

Avec le temps, et quelque entorse à la coutume, Amantchi épousa la veuve.[5] Ils vécurent heureux.   30

Seulement voilà. Ce qui devait arriver arriva. Kouame avant de mourir le lui avait dit, à son ami.

Un jour, debout devant sa glace, Amantchi s'apprêtait à sortir, lorsque d'une fenêtre brusquement ouverte par sa femme, un rayon de flamme, une lueur de sang traversa la chambre. Le soleil encore se couchait, il se cou-   35
chait comme l'autre jour. Et tout le ciel était rouge, aussi rouge que l'autre jour, le jour où se commit le crime. Ce rayon passant devant la glace effraya Amantchi. Il était là, hagard devant la glace. Et il tremblait, tremblait, tremblait, plus qu'il n'avait tremblé le jour du crime... La lueur de sang

---

[4]*margouillat* Nom usuel d'une sorte de gros lézard de l'Afrique occidentale. Le margouillat a le pouvoir de changer rapidement de couleur. Il lui arrive d'entrer dans les maisons et de se laisser domestiquer.
[5]Selon la coutume, la veuve aurait dû épouser un homme appartenant à la famille de son mari défunt.

10   **ameuter** to assemble, stir up (*la meute* pack of hounds)
11   **divaguer** *here:* to ramble, speak incoherently
12   **s'entêter** to persist (*têtu* stubborn)

était toujours là, persistante, plus rouge de seconde en seconde. Et Amant-
chi tremblait... Il revivait toute la scène. Il monologuait, oubliant que sa
femme était près de lui...

— C'est la même lueur, exactement, qui passa au moment où il fermait les
yeux, la même lueur du même soleil couchant. Et il me l'avait dit: « Tu m'as   5
tué? Il n'y a pas eu de témoins? Eh bien! la lueur du soleil couchant seule
sera notre témoin ».

Et la lueur était là... Et le soleil cette fois refusait de se coucher, envoy-
ant partout des rayons couleur de sang...

Et le village, ameuté par la femme, accourut. Amantchi était toujours   10
devant la glace et toujours divaguait.

Et le soleil s'entêtait à ne pas se coucher, inondant le monde de rayons
couleur de sang.

Ce fut ainsi que l'on sut le crime que commit Amantchi un soir, le crime
dont le seul témoin fut la lueur du soleil couchant.   15

QUESTIONS

1. De quoi est faite l'amitié entre Kouame et Amantchi?
2. Quel secret cachait Amantchi?
3. Qu'est-ce qui montre l'extrême confiance de Kouame?
4. Pourquoi l'auteur dit-il que « la vie était belle » (page 85, ligne 12)?
5. Pourquoi vieillit-on maintenant « avant le temps »?
6. Qu'est-ce qui montre la familiarité entre les hommes et les êtres sur-
naturels?
7. Qu'est-ce qui montre l'obsession d'Amantchi pendant la promenade?
8. Montrez que la nature extérieure n'est pas en accord avec l'état d'âme
d'Amantchi.
9. De quelle façon Kouame prédit-il les remords de son ami?
10. Quelles expressions traduisent l'horreur de la nature après le meurtre
de Kouame?
11. Comment Amantchi dissimule-t-il son crime?
12. Que remarquez-vous à propos de la phrase « Ils vécurent heureux »
(page 89, ligne 30)? Pourquoi l'auteur ne raconte-t-il pas leur bonheur?
13. Comment a-t-on appris le crime commis par Amantchi? Résumez la scène.
14. Quel est l'effet produit par les répétitions (page 89, lignes 38–39)?
15. Quel est le rôle de « la lueur du soleil couchant »?

SUJETS DE DISCUSSION

1. Pourquoi la première phrase fait-elle pressentir un drame? Quand
cette impression est-elle confirmée?

2. Qu'est-ce qui caractérisait la philosophie de la vie en ce temps-là? Montrez que l'emploi du passé constitue une satire à l'égard du présent.
3. Quels renseignements trouvons-nous dans ce conte sur certaines coutumes et sur certaines croyances africaines?
4. Comment voit-on, d'après ce conte, que les actions de l'homme et les forces de l'univers sont liées?
5. Pouvez-vous faire des rapprochements entre le deuil de la nature ici et dans la poésie romantique? S'agit-il d'une simple personnification?
6. Les répétitions sont caractéristiques du conte africain. Relevez celles qui marquent les moments importants du conte.
7. Étudiez la composition du conte. Quels procédés l'auteur emploie-t-il pour soutenir l'intérêt?
8. Qu'est-ce qui fait l'originalité de cette peinture de la passion amoureuse?

2	**se confondre** to intermingle
3	**soudaineté** (f.) suddenness (cf. *soudain*)
	s'éloigner to move away (cf. *loin*)
5	**bouleversement** (m.) havoc (*bouleverser* to upset, overturn)
6	**disparu** (m.) *here:* dead
8	**rive** (f.) bank
	flot (m.) wave (The word is often used poetically for water.)
	rasséréner to calm, make serene
	mollement gently, softly (cf. *mou*)
13	**s'empresser** to hasten
	fardeau (m.) burden, charge
14	**trouvaille** (f.) find (cf. *trouver*)
	en dépit de in spite of
15	**sur-le-champ** immediately
16	**sorcier** (m.) magician, sorcerer
17	**petit d'homme = enfant d'homme**
19	**gênant** embarrassing (cf. *la gêne*)
	chasser to hunt (cf. *la chasse*)
22	**rétorquer** to reply quickly, retort
23	**grande personne** (f.) adult
25	**aïeul** (m.) grandfather; ancestor
	à part aside

Léon Damas

Yani-des-Eaux

De mémoire d'homme, on n'avait vu cyclone plus violent que celui qui jeta, par une nuit où les éléments se confondirent, un navire inconnu sur le rocher de l'Ile.[1] Avec la même soudaineté, le cyclone s'éloigna du pays, après avoir ravagé carbets[2] et plantations, pour porter ailleurs son terrifiant bouleversement.

Au matin, tandis que chacun pleurait les disparus et les ruines, Mikalou-le-vagabond qui, sans famille, sans biens, n'avait rien perdu, découvrit sur la rive une fillette que le flot rasséréné y avait mollement déposée. Il fallut peu de soins pour ramener à la vie l'enfant miraculeusement sauvée de la sinistre fureur des eaux et de l'implacable dent du roc. Ce qui parut à Mikalou plus miraculeux encore, c'est que l'enfant était blanche, toute blanche, avec de longs cheveux qui semblaient d'or fin et des yeux couleur de ciel. Il s'empressa de courir avec ce fardeau chez Alepto, le Roi du Pays, à qui il présenta son étonnante trouvaille. En dépit des cruelles nécessités de l'heure, Alepto n'hésita pas à réunir sur-le-champ son Grand Conseil composé des Anciens, des sorciers et des domestiques du Palais.

— Je n'ai jamais vu de petit d'homme qui soit blanc, déclara le Roi. Peut-être cette fille vient-elle d'un pays où on devient rouge en grandissant. Car une telle couleur doit être bien gênante pour chasser.

— Peut-être n'est-ce pas là un petit d'homme, suggéra un Ancien: il n'a pas encore parlé.

— Je n'ai pas encore parlé, rétorqua la fillette, parce que personne ne m'a encore interrogée. Or, les petites filles ne doivent jamais parler aux grandes personnes, qu'elles ne connaissent pas, sans avoir été interrogées.

« Par la vénérable barbe de mon Aïeul! pensa Alepto, à part, cette

[1]L'auteur laisse volontairement imprécis le nom de cette île que l'on peut imaginer quelque part dans la mer des Antilles ou au large de la côte guyanaise.
[2]*carbet* Habitation rurale recouverte de chaume (*thatch*), comme on en trouve aux Antilles et en Guyane.

2   **à tort et à travers** haphazardly
    quand bien même = même quand (The adverb *bien* is optional in this expression.)
3   **il ne leur est rien demandé = on ne leur demande rien** (Note the impersonal construction common in literary style.)
8   **de la sorte** in such a way
10 **quasi** almost
12 **enfanter** to give birth to (cf. *l'enfant*)
13 **orage** (m.) storm
14 **mieux vaudrait = il vaudrait mieux**
16 **Et tout un chacun de donner son opinion** The infinitive, preceded by *de*, is often used in a narrative to express one action that rapidly follows another. The same construction is used several times in this text.
17 **ténu** tenuous, thin
    savane (f.) tropical grassland
18 **miel** (m.) honey
    coquillage (m.) *here:* empty shell (cf. *la coquille*)
21 **désormais** henceforth, from now on
23 **faire valoir** *here:* to assert
25 **ouragan** (m.) hurricane
26 **abattre** to knock down
27 **en outre** besides
    lopin (m.) patch of land
28 **il eût pu = il aurait pu**
29 **aisance** (f.) *here:* affluence (*l'aise* ease, comfort)
    ne . . . pas que = ne . . . pas seulement
30 **braconnage** (m.) poaching (cf. *braconner*)
31 **gibier** (m.) game
    rets (m.) net
32 **à la nuit tombée** at nightfall
33 **vivre d'expédients** to live by one's wits (*l'expédient* device)
34 **se passer de** to do without
36 **advenir** to happen
    égarer to mislay
    *houe (f.) hoe
38 **attenant** adjoining

petite fille possède une sagesse que pourrait lui envier plus d'un de mes con-
seillers qui parlent, souvent, à tort et à travers, quand bien même il ne
leur est rien demandé. »

Se tournant vers la fillette:

— Puisque tu parles lorsque l'on t'interroge, dis-moi quel est ton nom?   5
— Je m'appelle Solange, répondit la fillette.

Ceci jeta la consternation, car le plus ancien parmi les Anciens ne se
souvenait pas d'avoir entendu nommer de la sorte un habitant du Pays.

Il fut décidé qu'on lui donnerait, selon la sage Coutume, un nom qui
rappelât les circonstances de sa venue quasi surnaturelle au monde.   10

— Il faut l'appeler Fille-de-l'Eau, proposa quelqu'un, car c'est la Mer
qui l'a enfantée.

— Plutôt Fille-de-l'Orage, suggéra quelqu'un d'autre.

— Mieux vaudrait la nommer Fleur-des-Sables, dit un troisième,
puisqu'on l'a découverte sur la rive.   15

Et tout un chacun de donner son opinion. On trouva que ses yeux res-
semblaient aux fleurs qui poussent à l'ombre ténue des herbes de la Savane,
que ses cheveux étaient de miel, ses ongles faits de coquillages, ses dents
de perles; mais incontestablement la sagesse paisible de la fillette fut ce
qui frappa davantage le Grand Conseil. A la fin, Sa Majesté décida: 20

— Elle s'appellera désormais Yani « Celle-Qui-S'en-Vint-Toute-Seule ».

Puis, il fut question de savoir où elle devait loger. Mikalou n'eut pas de
peine à faire valoir ses droits de paternité. Sa Majesté Alepto donna des
ordres pour qu'il fût construit, à l'intention du nouveau père et de sa
fille, un carbet en même temps que l'on reconstruirait ceux que l'ouragan   25
avait abattus. Ainsi Mikalou-le-vagabond se trouva logé sans s'être
donné grand mal pour cela. Il avait reçu, en outre, un lopin de terre très
fertile et, s'il n'avait été incurablement paresseux, il eût pu vivre dans
l'aisance avec sa fille. Malheureusement, Mikalou ne préférait pas que le
repos au travail, mais encore le braconnage. Et plus d'une pièce de gras   30
gibier, nourrie dans les parcs d'Alepto, tombait dans les rets qu'il tendait
sur les terrains du Roi à la nuit tombée.

Sa fille grandissait, et pourtant il continuait à vivre d'expédients. Et,
souvent, Yani dut se passer de nourriture. Sa sagesse n'en était pas altérée,
ni sa beauté non plus.   35

Il advint qu'un jour, une voisine, qui avait égaré sa houe, vint dans
l'intention de demander à Mikalou de la lui rechercher. Rencontrant Yani
dans le jardin attenant à la maison, elle lui demanda:

— Mikalou, ton père, est-il là?

Yani, qui avait vu partir son père, mais ne l'avait pas vu rentrer,   40
répondit à la femme:

— Mon père n'est pas chez lui.

La femme s'en retourna. Comme elle s'éloignait, Mikalou sortit du
carbet en s'écriant:

3   **vanter** to praise
    se complaire to take pleasure
6   **rivage** (m.) river bank (cf. *la rive*)
14 **girouette** (f.) weather vane
19 **marmite** (f.) large covered pot
20 **se rendre** *here:* to go
21 **emplette** (f.) purchase
22 **de reste** more than necessary
24 **sitôt mon travail fini** = aussitôt que mon travail sera fini
30 **s'apprêter** to get ready (cf. *prêt*)
31 **mander** to summon
35 **que** = quand
39 **constater** *here:* to discover

— Ho! Voisine! Yani a menti. Je suis là.

Dans la soirée même, Mikalou allait se plaindre au Roi.

— Yani, ma fille, dont nous vantions la sagesse, se complaît dans le mensonge.

Le Roi, fort attristé, en parla à son tour à Piaye, son Grand Sorcier. Celui-ci, au lever de la lune, s'en alla au rivage et invoqua la Mer.

Yani vit apparaître un Génie,[3] serviteur du Maître-de-la-Mer.

— Pourquoi as-tu menti? demanda celui-ci à Yani.

— Je n'ai pas menti, répondit-elle.

— Yani, pourquoi as-tu menti? questionna-t-il pour la seconde fois.

— Je n'ai pas menti.

— Yani, pourquoi as-tu menti? demanda le Génie pour la troisième fois.

Alors la fillette de répondre:

— Ce n'est pas la girouette qui change, mais le vent.

A ces mots, le Serviteur du Maître-de-la-Mer lui toucha la tête en lui disant:

— Nous sommes en paix toi et moi.

Puis, il disparut.

Le jour suivant, Mikalou mit une marmite d'eau pleine sur le feu et confia à Yani le soin de surveiller le feu. Après quoi, il sortit, se rendit au marché où il fit emplette d'un gros morceau de viande. Estimant qu'il en avait de reste, il proposa, en passant, à un de ses camarades, qui travaillait aux champs, de lui en céder la moitié...

— Sitôt mon travail fini, lui dit celui-ci, je passerai chez toi pour prendre la part que tu veux bien me céder et la faire cuire avant la nuit.

Rendu au carbet, Mikalou fit deux parts, mit la sienne à cuire et enveloppa dans des feuilles de bananier celle qu'il avait vendue à son camarade.

Le repas allait, d'un instant à l'autre, être servi.

Mikalou s'apprêtait déjà à manger en compagnie de sa fille, quand on vint le mander d'urgence. Il partit précipitamment après avoir recommandé à Yani:

— Un homme viendra chercher la viande que je lui ai cédée, tu pourrais la lui donner s'il se présentait pendant mon absence.

Mikalou n'était pas encore revenu que l'autre en passant demande à Yani:

— Où est la portion de viande?

— Dans la marmite, répond Yani.

L'homme fut fort surpris de constater que Mikalou lui eût fait cuire son repas. Il insista:

— Puis-je l'emporter?

— Tu le peux. Mikalou, mon père, l'a dit lui-même.

---

[3]Voir « Les Mamelles », p. 13, note 10.

1   **aubaine** (f.) windfall
2   **partager** to share
4   **à nouveau** once again (This expression is used almost interchangeably with *de nouveau*.)
5   **faire appel à** to call on, appeal to
12 **front** (m.) *here:* forehead
16 **jouir de** to enjoy
17 **tiède** lukewarm (cf. *la tiédeur*)
18 **à tour de rôle** in turn
22 **se récrier** *here:* to cry out with admiration
     passer pour to be considered as
23 **mesure** (f.) *here:* extent
27 **foyer** (m.) *here:* fireplace
28 **pis** (m.) udder
35 **confus** *here:* ashamed (past part. of *confondre*)
37 **conçut** past definite of *concevoir* (to conceive)
     dépit (m.) resentment, chagrin

Tout joyeux de l'aubaine, l'homme partit avec la viande déjà cuite, non sans avoir manifesté sa gratitude en la partageant avec Yani.

Quand, de retour, Mikalou apprit ce qui s'était passé, il entra dans une colère violente. Il s'en alla au Palais et se plaignit à nouveau au Roi. Alepto fit encore appel au Sorcier et le Sorcier à la Mer. Le Serviteur du Maître-des-Eaux apparut pour la seconde fois à Yani et lui demanda: 5

— Yani! Pourquoi as-tu menti?

Il répéta deux fois encore sa question. Yani répondit d'abord:

— Je n'ai pas menti.

A la troisième fois, elle dit: 10

— D'une seule calebasse, on peut retirer deux couis.[4]

Alors le Génie lui toucha le front et dit:

— Nous sommes en paix toi et moi.

Puis, il disparut.

A quelques jours de là, la lune brillait de son plein éclat dans le ciel, 15 parents et enfants étaient réunis sur la plage pour jouir de la brise marine caressante et tiède.

Les enfants, à tour de rôle, montraient ce qu'ils avaient retenu des leçons des Anciens chargés de leur apprendre tout ce qu'il est nécessaire de savoir pour bien vivre. Quand ce fut le tour de Yani, elle dit: 20

— Je sais compter jusqu'à cent.

Chacun se récria. Compter jusqu'à cent passait pour un exercice très difficile à cet âge. Pressée de donner la mesure de son talent, Yani commença:

— Il y a un soleil 25

Il y a deux mains

Il y a trois pierres à chaque foyer

Il y a quatre pis à la vache

Il y a cinq doigts dans la main...

Elle put aller ainsi aussi loin que: 30

— Il y a trente-deux dents dans la bouche.

Mais là, elle ne put en dire davantage. Elle savait qu'il venait ensuite trente-trois, trente-quatre... Elle ne se rappelait pourtant plus qu'il y avait trente-trois diamants à la couronne du Roi. Quand la mémoire lui revint, elle était si confuse d'avoir oublié la couronne d'Alepto qu'elle se mit à 35 pleurer et ne put parler.

Mikalou en conçut un violent dépit et se plaignit au Roi de la mésaventure.

Une fois de plus, le Génie questionna Yani:

— Pourquoi as-tu menti? 40

---

[4]La calebasse (voir « Les Mamelles », p. 11, note 8), coupée en deux et vidée, donne deux récipients, appelés « couis » en pays caraïbe. Ils servent, en général, à faire macérer (soak) de la viande ou du poisson.

6   **caillou** (m.) pebble, stone
12 **coquin** roguish, mischievous
13 **d'autant plus que** all the more as
15 **goutte** (f.) drop
    rosée (f.) dew
17 **s'emparer** to take possession
    biche (f.) doe
    favorite Note this irregular feminine form of the adjective *favori*.
20 **espion** (m.) spy (cf. *l'espionnage*)
    se répandre *here:* to go in all directions
21 **restes** (m. pl.) remains
23 **tenir tête** to hold one's own
33 **fouet** (m.) whip (cf. *fouetter*)
    mise (f.) **aux fers** shackling (The noun *mise*, used in a number of common expressions, is derived from the verb *mettre*.)
37 **châtiment** (m.) punishment (cf. *châtier*)
39 **méfiance** (f.) distrust (cf. *se méfier*)
40 **achever** to finish
    sifflement (m.) whistling (cf. *siffler*)
41 **lanière** (f.) lash (of a whip)

— Je n'ai pas menti.

— Yani, pourquoi as-tu menti?

— Je n'ai pas menti.

— Enfin, pourquoi as-tu menti?

Et Yani de répondre: 5

— Celui qui saute de caillou en caillou court grand risque de tomber à la rivière.

Cette fois le Génie lui toucha la bouche et dit:

— Il y a alliance entre toi et Nous. Par la vertu de mon Maître, dont l'Eau est le royaume, tu ne tomberas plus dans la rivière.   10

Les lunes succédèrent aux lunes. Et Yani devint une belle fille. Tandis que Mikalou, en vieillissant, se faisait de plus en plus coquin, l'audace de ses mauvais coups grandissait d'autant plus que la chance lui souriait obstinément. Il croyait devoir son succès à la ruse; il ne pouvait savoir que toutes les eaux de la création, depuis la goutte de rosée jusqu'aux pluies du   15
Ciel, se faisaient volontiers ses complices.

Un jour, cependant, il fut assez fou pour s'emparer de la biche favorite du Roi dans l'intention de la tuer et de la manger. Le Roi, quand il fut avisé de la disparition de sa biche, entra dans une violente colère. Et ses espions de se répandre dans tout le pays à la recherche du coupable. L'un   20
d'eux découvrit des restes suspects chez Mikalou qui fut convoqué devant Alepto.

Mikalou tint tête avec quelque succès à ceux qui furent chargés de l'interroger, mais Piaye, le Sorcier, conseilla au Roi de faire venir Yani.

« Que votre Majesté interroge Yani, dit-il. Les Génies de la Terre m'ont   25
assuré que le Maître-de-l'Eau lui a donné le pouvoir de ne dire que la vérité. Si Votre Majesté me laisse faire, nous saurons bien si Mikalou est le coupable. »

Alepto accepta la proposition et manda Yani.

— Es-tu coupable? demanda alors le Sorcier à Mikalou.   30

— Non, je ne suis pas coupable.

— Que mérite à ton avis le coupable?

— Cent coups de fouet et la mise aux fers pour six lunes, suivant la Coutume, répondit Mikalou.

Se tournant vers Yani, Piaye lui parla en ces termes: 35

— O Yani! Que la volonté de ton père soit pour toi la règle. Selon toi, quel doit être le châtiment du coupable dès qu'il sera pris?

— Il recevra cent coups de fouet et sera mis aux fers pour six lunes, répéta Yani sans méfiance.

A peine avait-elle achevé de parler que l'on entendit le terrible siffle-   40
ment des lanières de maïpouri[5] coupant l'air pour frapper le malheureux

---

[5]*maïpouri*   Sorte de tapir. Ce quadrupède d'Amérique centrale a la peau si dure qu'elle était même utilisée autrefois pour faire des cuirasses.

5   **épouvanter** to terrify (cf. *l'épouvante*)
7   **prendre un parti** to make a decision
8   **grimper** to climb
     pente (f.) slope
9   **ardu** steep
     escarpé abrupt
12   **se douter de** to suspect
14   **redouter** to fear
15   **s'écrouler** to collapse, fall in
17   **atteindre** to reach
     s'étaler to stretch out
     à perte de vue as far as the eye can see
18   **tel = comme**
     tapis (m.) carpet
19   **gagner** *here:* to overcome
20   **cocotier** (m.) coconut tree (cf. *le coco*)
23   **aux yeux couleur du ciel** The preposition *à* is often used in this descriptive sense.
24   **ceinture** (f.) *here:* waist
26   **veillée** (f.) *here:* night gathering (*Veillée* designates the part of the evening when
        people gather together and tell stories.)
27   **noyer** to drown
36   **demeure** (f.) dwelling (cf. *demeurer*)
38   **suis** pres. indicative of *suivre* (to follow)
39   **repartir** *here:* to reply quickly (cf. *la repartie*)
     chevelure (f.) head of hair (cf. *le cheveu*)

Mikalou, qui se mit à hurler:

— Grâce! Grâce! Grâce!

Les Génies invisibles continuèrent de frapper jusqu'à cent. Et le Roi fit mettre aux fers le voleur.

Yani, épouvantée de ce qu'elle avait fait involontairement, comprit que   5
son père ne le lui pardonnerait jamais.

Aussi prit-elle le parti de quitter l'Ile. Elle voyagea longtemps, long-temps, fort longtemps, traversant une épaisse forêt, grimpant les pentes ardues des collines, redescendant au fond des ravins escarpés. Sans doute, elle serait morte de fatigue et de faim, si les Eaux, ses alliées occultes et   10
infatigables, ne l'avaient constamment protégée, aidée. Sans qu'elle s'en doutât, les bêtes même les plus féroces se détournaient avec terreur de son chemin. Car, le Maître-des-Eaux est l'allié bien-aimé du Maître-de-la-Terre. Il est, par contre, l'allié redouté du Maître-du-Feu. A son commande-ment, des montagnes entières peuvent s'écrouler. Souvent la colère de l'Eau 15
s'accompagne de l'éclat de la foudre. Ainsi Yani, sans mésaventure, atteignit un rivage de sable gris si fin qu'il semblait s'étaler à perte de vue, tel un tapis sur lequel viendraient reposer les vagues. Elle s'assit sur le bord après qu'elle eut lavé ses pieds à la mer. Gagnée par la chaleur et par le bruit monotone des vagues, elle s'endormit au pied d'un cocotier. Elle   20
fut réveillée par des éclats de voix.

— Venez voir! Venez voir! disait une voix de femme, venez voir la belle aux yeux couleur du ciel.

Se réveillant tout à fait, Yani vit une créature, femme de la tête à la cein-ture et poisson ensuite. Elle sut immédiatement que c'était Manmand'leau[6]   25
dont on parlait tant, avec tant de terreur, durant les veillées. C'était elle qui attirait le pêcheur, racontait-on, pour le noyer. Mais Yani n'avait pas peur. Le Génie-des-Eaux lui avait toujours parlé avec douceur et elle ne redoutait plus les esprits marins. Au contraire, elle demanda sans crainte à la Sirène: 30

— Je suis très fatiguée, j'ai beaucoup voyagé et j'ai faim. Ne peux-tu me donner maintenant de quoi manger?

— Je ne puis rien ici pour toi, lui répondit Manmand'leau. L'eau qui vole dans le ciel, l'eau qui court à la surface de la terre, l'eau qui se balance à la surface de la mer, ne sont point mes domaines. Si tu veux manger, il te   35
faut me suivre dans l'une de mes demeures, au fond de la mer.

— Je ne puis le faire, répondit Yani. Je ne suis qu'un petit d'homme et, si je te suis, je me noierai.

— Nullement, repartit la Sirène. Si tu me tiens par la chevelure, il ne

---

[6]*Manmand'leau (ou Maman-di-l'Eau)* Nom créole de Ouata-Mama (de l'anglais « Water-Mamma »), la Mère-des-Eaux. Selon la légende d'origine africaine, « son pouvoir est infini et sa vengeance terrible quand on l'a de quelque manière offensée » (M. et H. Larsen, *Lointain tam-tam* [Paris: Albin Michel, 1967], p. 160). La superstition locale la rend responsable des accidents survenus dans les passages très dangereux des rivières et des fleuves guyanais.

1   **il ne peut t'arriver de mal** = aucun mal ne peut t'arriver
2   **à sa guise** as one pleases (*la guise* manner)
4   **vertigineux** dizzy (cf. *le vertige*)
6   **émerveiller** to fill with wonder (cf. *la merveille*)
8   **feindre** to pretend, feign (cf. *la feinte*)
    se laisser distancer to fall behind
9   **filer** *here (colloquial):* to go quickly, run off
    éclair (m.) lightning flash
    onde (f.) wave
17 **courroux** (m.) wrath, anger (This word belongs especially to literary diction.)
19 **en sens inverse** in the opposite direction
    naguère a short time before
24 **quelque peu** = un peu
    sein (m.) breast
25 **fracas** (m.) din, noise (*fracasser* to shatter)
    étourdir to deafen
28 **périr** to perish
35 **retentissant** *here:* loud (*retentir* to resound)
38 **parti** (m.) *here:* match
    borgne one-eyed
    boiteux lame, limping
40 **se tut** past definite of *se taire* (to be silent)

peut t'arriver de mal, au fond de la mer. Viens avec moi, tu pourras manger à ta faim, dormir à ta guise.

Yani se laissa convaincre par Manmand'leau.

Elles descendirent toutes deux à une vitesse vertigineuse, tout au fond, au fond de la mer. Leur voyage dura longtemps, mais Yani n'avait qu'à se   5
laisser entraîner et ce qu'elle voyait l'émerveillait. Parfois, quelque poisson essayait par jeu de rivaliser de vitesse avec Manmand'leau. Celle-ci, après avoir feint d'être fatiguée et de se laisser distancer pour amuser sa compagne de voyage, filait ensuite tel un éclair à travers les ondes, laissant le poisson loin derrière elle, à la grande joie de Yani qui sentait passer   10
sur elle la caresse de l'eau. Elles arrivèrent dans le fond. Yani était si fatiguée qu'elle prit à peine le temps de manger ce que lui fit servir son hôtesse, et s'endormit tout aussitôt. Son sommeil dura longtemps, longtemps, des années. Il durerait peut-être encore si Manmand'leau, dont elle tenait la chevelure, ne l'avait réveillée certain jour en lui disant: 15

— Vite, Yani! Viens avec moi. Il faut que je remonte. Le Maître-des-Eaux, mon Seigneur, est en courroux. Là-haut, il n'y a plus ni ciel, ni mer. Il n'y a plus que les éclats de sa fureur qui mêle tous les éléments.

Yani fit en sens inverse le chemin parcouru naguère. A peine pouvait-elle reconnaître le paysage, tant leur course, vers là-haut, était rapide. Rien   20
que d'atteindre la surface, elle se sentait déjà violemment secouée par le flot. De crainte qu'elle ne lâchât la chevelure et qu'il ne lui advînt malheur, Manmand'leau la tenait tendrement embrassée, telle une mère sa fille, et Yani — quelque peu effrayée — se faisait toute petite sur son sein.

Quand elles furent parvenues tout en haut, le fracas étourdit d'abord Yani;   25
mais bientôt, à la lueur des éclairs, elle distingua une pauvre barque de pêche où un homme luttait désespérément contre la mort.

— C'est par une nuit semblable que tous les miens ont péri, soupira Yani.

Et, il lui vint au cœur une grande pitié pour cet homme qu'elle ne connaissait pas, qui se défendait au milieu du déchaînement de la toute-   30
puissante colère.

— O Maître-des-Eaux! implora-t-elle. Toi qui pour moi fus toujours d'une grande bonté, ne sauveras-tu donc pas cet homme?

Elle croyait n'avoir parlé que pour elle seule, quand une voix retentis-   35
sante comme le tonnerre lui répondit:

— Fille, je ne puis lui laisser la vie sauve que si tu consens à l'épouser. Or, ce serait un très mauvais parti pour toi. Il est borgne, sourd et boiteux. Il vient, de plus, d'un pays où les hommes sont noirs comme la nuit.

Yani se tut. Cependant le cyclone redoublait de violence et le danger   40
redoublait autour de l'homme.

Une seconde fois, Yani implora:

— O Maître-des-Eaux! Sauve cet homme et prends ma vie en échange.

Mais la voix lui répondit:

5   lame (f.) *here:* wave
6   frêle fragile
    écraser to crush
7   gémir to cry, moan
10 époux (m.) husband (cf. *épouser*)
11 devint d'huile i.e., *devint très calme (comme de l'huile)*
12 esquif (m.) skiff
    désemparé crippled
    écueil (m.) reef
    sournois treacherous
15 venir aux nouvelles to come for news
16 épuiser to exhaust
19 s'émut past definite of *s'émouvoir* (to be moved)
20 veiller to watch over
21 échouer *here:* to run aground
22 s'enquit past definite of *s'enquérir* (to inquire)
25 s'emplir to be filled
34 don (m.) gift (cf. *donner*)

— Fille, je ne peux lui accorder la vie sauve que si tu consens à l'épouser. Or, ce serait un très mauvais parti pour toi. Il est borgne, sourd et boiteux. Il vient, de plus, d'un pays où les hommes sont noirs comme la nuit.

Et Yani se tut.

La nuit se fit plus noire; les éclairs se firent plus violents, les lames   5 furieuses couraient à l'assaut de la frêle barque, écrasant des masses énormes contre le bois qui gémissait comme un être humain.

Yani vit l'homme qui levait vers le ciel des bras découragés de vaincu.

Alors elle dit:

— O Maître-des-Eaux! Sauve l'homme et je le prendrai pour époux.   10

Brusquement la mer se calma et devint d'huile. Une douce brise poussa l'esquif désemparé vers le sable de la rive en évitant les écueils sournois.

Manmand'leau conduisit doucement Yani au rivage et lui dit:

— Il faut que tu ailles soigner ton nouvel époux. Je vais te laisser et demain je viendrai aux nouvelles.   15

Yani s'approchant de l'homme qui dormait dans la barque, épuisé de fatigue, constata qu'il était en effet borgne, qu'une de ses jambes était plus courte que l'autre et qu'il était noir comme la nuit. Cependant, en songeant qu'elle lui avait sauvé la vie, son cœur s'émut de compassion, elle se mit à veiller tendrement sur son sommeil. Dès l'aurore, Man-   20 mand'leau vint échouer sur le sable du rivage.

— As-tu vu ton nouvel époux? s'enquit-elle.

— Oui.

— Est-il vraiment borgne?

Le cœur de Yani s'emplit à nouveau de compassion et la pauvre fille   25 mentit pour la première fois de sa vie:

— Non, dit-elle. Il n'est ni borgne, ni sourd, ni boiteux.

— Mais il est noir? s'enquit Manmand'leau. J'aperçois d'ici son bras.

— Il est noir, dit Yani en rougissant, noir comme la nuit; mais, comme sont parfois les nuits, il est beau. Il est bon. Il est fort. Et il sait les secrets   30 qui sont cachés au jour.

Elle avait à peine achevé ces mots que le Génie, serviteur du Maître-des-Eaux, apparut et lui dit en souriant:

— Holà! Jeune fille! Le bel usage que vous faites là de notre don d'alliance!... Pourtant, ce qui est dit est dit. Et votre époux sera tel que l'a   35 voulu votre bouche. Allez en paix tous deux. L'Ile où vous êtes sera votre domaine. L'Eau sera toujours pour vous, et vos descendants, un sûr allié...

Ayant ainsi parlé, le Génie disparut.

Peut-être connaissez-vous l'Ile et peut-être connaissez-vous les descendants de Yani et de son époux?   40

QUESTIONS

1. Quelles sont les conséquences du cyclone?
2. Quelles sont les différentes réactions à propos de la petite fille trouvée?
3. Pourquoi Solange ne garde-t-elle pas son nom? Comment lui en choisit-on un nouveau?
4. Qui est Mikalou? Pourquoi devient-il le père de Yani?
5. Yani a-t-elle menti en disant « Mon père n'est pas chez lui » (page 95, ligne 42)?
6. Quelle importance prend le soi-disant mensonge de Yani?
7. Comment Yani fait-elle comprendre au Génie qu'elle n'a pas menti?
8. Résumez l'incident de la viande vendue par Mikalou. Sur quoi repose le malentendu?
9. Comment comprenez-vous le proverbe: « D'une seule calebasse, on peut retirer deux couis » (page 99, ligne 11)?
10. Yani sait-elle vraiment compter jusqu'à cent? Est-ce qu'il suffit de connaître les nombres de façon abstraite?
11. En quoi consiste l'alliance entre le Maître-de-l'Eau et Yani?
12. A quoi Mikalou doit-il le succès de ses mauvais coups?
13. Jusqu'où Mikalou pousse-t-il l'audace?
14. Quel est le résultat des paroles de Yani? Pourquoi?
15. De quels dangers Yani a-t-elle été protégée pendant son voyage?
16. Manmand'leau est-elle présentée comme un personnage effrayant?
17. En quoi cet épisode s'oppose-t-il à la légende habituelle de Manmand'leau?
18. A quel moment l'élément merveilleux et l'élément humain sont-ils étroitement liés?
19. Devant quel dilemme se trouve Yani? Lequel de ses deux sentiments est le plus fort?
20. Savez-vous répondre à la question finale de l'auteur?

SUJETS DE DISCUSSION

1. Quel est le rapport entre le début et la fin de ce conte?
2. De quelle façon l'auteur évoque-t-il la question de race (ou de couleur)? Remarquez quelques allusions précises.
3. Quels sont les différents aspects de la sagesse de Yani?
4. Comparez la nature et le rôle du Génie ici et dans « Les Mamelles » de Birago Diop.
5. Montrez le lien entre les éléments naturels, les éléments moraux et les éléments mythologiques.
6. Quel ton domine dans ce conte (discrète satire, poésie, humanité, merveilleux)?
7. Quelles ressemblances et quelles différences voyez-vous entre « Yani-des-Eaux » et les contes de Birago Diop ou ceux de Bernard Dadié?

1 **brousse** (f.) tropical brushland
2 **tapis** (m.) carpet
   flore (f.) flora, vegetation
3 **ondoiement** (m.) undulation (cf. *l'onde, ondoyer*)
   savane (f.) tropical grassland
6 **réserve** (f.) *here:* restraint
   gendre (m.) son-in-law
7 **épouse** (f.) wife (cf. *épouser, époux*)
   s'étonner to be astonished
8 **accourir** to run up, flock (cf. *courir*)
   entourer to surround
9 **deviser** to chat, talk
10 **firent = dirent** (The verb *faire* often replaces *dire* in an interpolated clause.)
12 **amener** to bring (cf. *mener*)
14 **aîné** (m.) elder
16 **rançon** (f.) ransom
17 **faire part** to inform
18 **se réjouir** to rejoice (cf. *la joie*)

Yambo Ouologuem

La Gloire de la ruse de l'Empereur du Nakem
Nouvelle historique

Loin... Très loin du temps des hommes d'aujourd'hui... Parmi la brousse
et le tapis mauve de la flore de l'Empire des Saïfs: le Nakem[1] — vaste
comme la jeune lune sous un ondoiement de déserts, de savanes et de ver-
dure...

Un jour d'entre les jours, des émissaires vinrent au peuple et parlèrent   5
avec les marques de réserve qu'observent les gendres devant les mères de
leurs épouses. Le peuple s'étonna. Comme les émissaires ne répondaient
pas aux jeunes gens accourus vers eux, les femmes âgées les entourèrent,
les menant à la Grand-Place où devisaient Anciens et Notables.

« Bonsoir à vous! », firent les messagers.   10

« Vivez heureux, bons visiteurs! », dirent les Anciens et les Notables.
« Quel soleil ou quel malheur vous amène, car vous n'êtes pas de Tilla-
béri-Bentia. »

« Que je mange vos maladies, vénérables gens! »,[2] répondit l'aîné des
messagers. « Je viens du pays du seigneur Rakilkoyé. Le Nakémien Saïf   15
Ézéchiel est tombé entre ses mains, et il demande une rançon. Saïf Ézéchiel
a donné son accord, nous envoie vous en faire part, et chercher la rançon. »

Comment le Nakem ne se serait-il pas réjoui d'apprendre que son Em-
pereur était vivant?

« Dis-nous, comment tu as vu Saïf Ézéchiel, afin que nous te croyions »,   20

---

[1] Les noms de lieux et de personnages sont inventés par l'auteur. On remarquera cependant que
Nakem est l'anagramme de Kanem, région située au nord et à l'est du lac Tchad. L'Empire du
Kanem, gouverné par des sultans, étendit sa domination, en particulier au 13ᵉ siècle, sur un
immense territoire, y compris le Bornou, qui acquit ensuite la prépondérance et engloba à son
tour le Kanem. Le Bornou était gouverné par les sultans sayfiya, originaires du Kanem. Le roman
de Yambo Ouologuem, *Le Devoir de violence* (Paris: Éditions du Seuil, 1968), a également pour
cadre « le Nakem ».

[2] Cette phrase est la traduction littérale d'une formule de salutation.

1   **docte** wise, learned
3   **queue** (f.) tail
    taureau (m.) bull
4   **frapper** *here:* to stamp, emboss
10 **au ciel de verre bleu** of the glass-blue sky (The preposition *à* is often used in
      this descriptive sense.)
11 **nacre** (f.) mother-of-pearl
    plafond (m.) ceiling
12 **borne** (f.) boundary marker
    ni le bétail de nombre and whose cattle are without number
    brouter to graze
13 **sol** (m.) ground
14 **sache** pres. subjunctive of *savoir* (Note the exclamatory force with *que*.)
16 **errer** to wander
17 **geôle** (f.) jail
    se rendre *here:* to go
    cour (f.) *here:* courtyard
    otage (m.) hostage
21 **étrier** (m.) stirrup
24 **se rassasier** to have enough, get one's fill
26 **s'écarter de** *here:* to stray from
    trancher to cut off (*la tranche* slice)
28 **tel = comme**
    agneau (m.) lamb
29 **entendu** *here:* agreed, understood
30 ***héraut** (m.) herald
31 **place** (f.) *here:* public square
32 **quiconque** whoever
    berceau (m.) cradle (*bercer* to rock)
34 **festin** (m.) banquet
    hôte (m.) *here:* guest
36 **office** (m.) *here:* duty

demanda le docte Akbar ben Bez Toubaoui au plus âgé des émissaires de
Rakilkoyé.

Alors, le plus jeune messager laissa tomber à terre une queue de taureau
au bout de laquelle pendait un masque frappé à l'effigie du Nakem —
récade[3] royale. Un murmure court de bouche en bouche. L'aîné des mes-   5
sagers ensuite:

« Voici ce que Saïf Ézéchiel m'a chargé de vous dire: « Dieu des dieux,
mon Dieu! Si tu m'as créé pour que m'aime mon peuple, fais donc que
Notables et Anciens se souviennent — quand viendront à eux les messagers
du Seigneur Rakilkoyé — que le Nakem au ciel de verre bleu, à l'horizon   10
de nacre, l'étoile du matin au plafond, est un riche Empire dont les terres
n'ont nulle borne, ni le bétail de nombre, et si vaste est-il quand il broute
qu'on ne voit plus le noir du sol.

« Dieu des dieux, mon Dieu! que sache l'Empire de l'Empereur qu'il est
prisonnier de Rakilkoyé chez les morts et chez les vivants, qu'il ne parlait   15
plus, ne mangeait plus; qu'il errait la tête basse et les épaules hautes, qu'il
sortait de sa geôle, se rendait sur la cour des otages — où se trouve la pierre
verte qui fait oublier tous les malheurs[4] — et se couchait dessus, le visage
au sol.

« Donc, que l'on envoie, pour rançon de sa captivité, à Rakilkoyé,   20
soixante fois soixante chevaux à un étrier, soixante fois soixante chevaux
à deux étriers, soixante fois soixante à trois, quatre, cinq étriers. » Il a
ajouté: « O toi, mon peuple, qui, pareil à une fleur brillante, faisais ma
joie, toi qui ne te rassasiais de me voir régner, respecte cette volonté; que
Notables et Anciens mettent comme guides un cheval blanc et un cheval   25
noir. S'ils sont mauvais et s'écartent du droit chemin, tranchez la tête du
noir, attachez-la à celle du blanc: alors celui-là se fera doux et obéissant
tel, devant l'hyène, l'agneau.

— C'est entendu », répondit la vénérable assemblée.

Akbar ben Bez Toubaoui ensuite, fit appeler le héraut et lui dit:« Va et   30
crie sur la place: « Qui a la force de marcher, qu'il marche, et qui n'a pas
la force, qu'on le porte! Quiconque a un enfant au berceau, qu'il l'attache
sur son dos. L'Empereur est vivant, et Anciens et Notables, en son honneur,
offrent un festin au Palais pour saluer ses émissaires — nos hôtes — et
vous invitent! »   35

Le héraut fit son office:

« Nakémiens », cria-t-il sur la place, « qui a la force de marcher, qu'il
marche, et qui n'a pas la force qu'on le porte! Quiconque a un enfant au
berceau, qu'il l'attache sur son dos. L'Empereur est vivant et, Anciens et
Notables, en son honneur offrent un festin au Palais pour saluer ses émis-   40
saires — nos hôtes — et vous invitent! »

---

[3]Bâton de commandement, la récade est généralement en bois ou en métal précieux.
[4]*la pierre verte* Allusion possible à l'émeraude, pierre estimée pour ses vertus magiques.

1   **appel** (m.) call (cf. *appeler*)
     affluer *here:* to flock
4   **festoyer** to feast (cf. *le festin*)
     apparat (m.) state, pomp
5   **loger** to lodge, put up
     congédier to dismiss (cf. *le congé*)
6   **tradition** (f.) *here:* the council of elders
     tenir conseil to hold a meeting
7   **conclure** *here:* to finish, solve
9   **quoi de** what about (The French expression is much less frequent than its English
       equivalent.)
10   **gaspiller** to waste
     monture (f.) *here:* stirrup strap
     rien que only, just
11   **cuir** (m.) leather
12   **se démunir** to give up
     selle (f.) saddle
     arçon (m.) saddle-bow
13   **sorcellerie** (f.) sorcery (cf. *le sorcier*)
14   **nonagénaire** (m., f.) ninety-year-old
     devin (m.) soothsayer
15   **cependant que** whereas, while
16   **frissonner** *here:* to quiver (with delight)
17   **froncer l'arc de ses sourcils** to knit one's brow (*le sourcil* eyebrow) (The usual
       expression is simply *froncer les sourcils*.)
18   **se briser** to break
21   **sot** foolish, stupid (cf. *la sottise*)
23   **goûter** *here:* to appreciate, sample (*le goût* taste)
25   **fournir** to provide
27   **enlever** to take away
30   **massue** (f.) club, bludgeon
31   **bouclier** (m.) shield
     poignard (m.) dagger (*le poing* fist)
33   **soit** fine, agreed (The present subjunctive of *être* is frequently used in this exclama-
       tory sense.)
35   **se mettre en marche** to set out
36   **foncer** *here:* to swoop down
     poster en avant to station in front
38   **lever** (une armée, etc.) to raise
39   **guet-apens** (m.) ambush
40   **pendre** to hang

A cet appel, les gens affluèrent et s'assemblèrent, grands et petits, dans la cour du Palais.

« Mangez, mes soleils! », leur dit-on.

Et tous festoyèrent. Après le banquet d'apparat, l'on remercia les hôtes de leur présence, puis, les logeant, on les congédia avec des vœux de sommeil paisible. La tradition tint conseil et dit:

« En coupant un étrier à des chevaux ordinaires, l'affaire sera conclue pour les chevaux à un étrier, et ceux à deux étriers ne font pas de problème; mais quoi de ceux à trois, quatre, cinq étriers: où les mettre? Comment gaspiller 10 800 montures rien que pour ceux à trois étriers, 14 400 pour ceux à quatre et 18 000 pour les derniers? Où trouver tant de cuir sans nous démunir de nos selles? de nos montures? de nos arçons? Énigme ou sorcellerie, l'on ne sait, mais en tout cas, étrange chose. »

Or, le docte Koutouli, nonagénaire de précieuse mémoire, devin réputé, se rappela que l'aîné des messagers était tout de noir vêtu, cependant que le second portait un boubou[5] blanc. Son cœur de Nakémien frissonna; il fronça l'arc de ses sourcils, tapant contre terre sa canne d'ivoire si furieusement que la canne se brisa en deux:

« Dieu des dieux, mon Dieu! », s'écria-t-il. « Malheur à Rakilkoyé! L'hôte n'est hôte que pour une nuit. Et ces messagers et leur seigneur sont vraiment sots.

« Saïf veut simplement nous indiquer qu'il est prisonnier des Gondaïtes, et nous conduire à un riche pays dont nous n'avons encore rien goûté. Que l'on aille donc immédiatement annoncer aux guerriers que demain, nous marcherons contre la forteresse de Rakilkoyé. Que chaque maison fournisse un homme à l'armée. Celle qui n'enverra personne, l'Empereur la punira en lui enlevant un jeune garçon!

« Car les chevaux à un étrier, ce sont les troupes à pied; les chevaux à deux étriers, la cavalerie nakem; les chevaux à trois étriers, l'infanterie armée de sagaies[6] et de massues; les chevaux à quatre étriers, les guerriers armés de boucliers, de lances et de poignards; les chevaux à cinq étriers, la masse des volontaires armés de toute espèce d'armes.

— Soit », concédèrent les Anciens, « mais quoi du cheval noir dont il faut trancher la tête, la mettant ensuite au cou du blanc?

— L'Empereur nous exhorte par là, quand l'armée nakem se mettra en marche, fonçant sur les Gondaïtes, de poster en avant, comme guides, les deux émissaires, vêtus, l'un d'un burnous[7] noir, l'autre d'un boubou blanc. Quand ces messagers verront l'armée levée au lieu des chevaux de la rançon, ils voudront fuir et la faire tomber dans un guet-apens. Alors, décapitez l'homme au burnous noir, pendez sa tête à celle de l'homme au boubou

---

[5]Voir « Les Mamelles », p. 11, note 9.
[6]*sagaie*   Javelot des peuples primitifs.
[7]*burnous*   Long manteau à capuchon (hood) porté surtout en Afrique du Nord.

3   **avoir lieu** to take place
      soupçonner to suspect (cf. *le soupçon*)
4   **égarer** *here:* to mislead
5   **accrocher** to hang up (*le crochet* hook)
6   **droit au but** straight to the objective
7   **s'écouler** *here:* to pass (Note the impersonal construction *ce qu'il s'écoula de temps = combien de temps s'écoula.*)
8   **s'attendre à** to expect
9   **coucher** (m.) **de soleil** sunset
11   **sabot** (m.) *here:* hoof
12   **nuée** (f.) large cloud (cf. *le nuage*)
13   **corneille** (f.) crow (Note the inverted construction *à un vol de corneilles semblable.*)
      sillon (m.) furrow
16   **meule** (f.) millstone
18   **dépêcher** to dispatch (cf. *la dépêche*)
19   **sans quoi** otherwise, or else
      s'éparpiller to scatter
      de par la nature throughout the countryside (The expression *de par*, meaning "throughout," is usually found in the phrase *de par le monde.*)
20   **répondre** *here:* to be responsible, take the blame
      être bredouille to be empty-handed
21   **se débarrasser de** to get rid of
22   **rêne** (f.) rein
23   **proférer** *here:* to express, utter
24   **joyeuseté** (f.) joke (cf. *joyeux*)
      pépier to chirp
      moineau (m.) sparrow
      déconfiture (f.) *here:* disaster
25   **entrevoir** to catch sight of, glimpse (cf. *voir*)
26   **leur ôtaient l'âme = les tuaient** (*ôter* to take away)
27   **s'attarder** to linger (*tard* late)
28   **aurore** (f.) dawn
      fougueux spirited (*la fougue* ardor)
30   **souffleter** to slap someone's face (cf. *le soufflet*)
31   **âne** (m.) donkey, ass
32   **tonner** to thunder (cf. *le tonnerre*)
      faucon (m.) falcon
      fourmi (f.) ant
33   **gisant** lying (This participle is one of the few commonly used forms of the archaic verb *gésir.*)
34   **anéantir** to annihilate (*le néant* nothingness)
35   **compter** *here:* to intend
37   **saisir** to seize, grasp
      fers (m. pl.) *here:* irons, chains
      traîner to drag

blanc — et celui-là, voulant sauver sa vie, se fera servile, tel, devant
l'hyène, l'agneau. »

Le lendemain eut lieu le départ. Soupçonnant la vengeance, les deux
émissaires voulurent égarer les pas de l'armée nakem. Alors on décapita le
messager au burnous noir, dont la tête fut accrochée à celle de l'autre qui,   5
terrifié, les conduisit droit au but.

Long ou court, Dieu sait ce qu'il s'écoula de temps!

Or l'Empereur Saïf Ézéchiel s'attendait à voir apparaître l'armée nakem.
Après plusieurs couchers de soleil, il dit un soir à Rakilkoyé:

« Montons donc sur la terrasse du palais voir comment se portent les   10
chevaux de ma rançon; car j'entends un bruit de sabots frappant le sol. »

Ils montèrent sur la terrasse et virent s'avancer un globe de nuée, traçant
devant lui, à un vol de corneilles semblable, un sillon large comme une rue
de village.

Rakilkoyé s'étonna. L'Empereur comprit que c'était l'armée nakem en   15
marche, se mouvant telle une vaste meule.

« Tiens, vois, noble seigneur, lui fit Saïf Ézéchiel; voici la rançon
promise. Dépêche à sa rencontre tout ce que tu as d'hommes. Mais prends
garde que nul n'ait d'armes, sans quoi les chevaux s'éparpilleraient de par
la nature, effrayés. Mais alors je ne répondrai de rien si tu es bredouille. »   20

Rakilkoyé dépêcha tous ses guerriers, les exhortant à se débarrasser de
leurs armes et leur ordonnant de ne prendre que rênes et arçons de cheval.
Tous ces hommes accoururent gaiement vers le globe de nuée, proférant des
joyeusetés ou pépiant comme des moineaux: mais — déconfiture! — à
peine avaient-ils entrevu la face des guerriers nakem, que ceux-ci déjà leur   25
ôtaient l'âme.

A l'horizon, le soleil mourant s'attardait — et l'armée des Nakémiens,
rapide comme l'aurore, fougueuse comme la tempête, emportée entre ciel
et terre, se rendit maîtresse des lieux.

Quand Saïf Ézéchiel le comprit, souffletant Rakilkoyé: 30

« Chien, âne que tu es! J'inspire à tout ennemi une telle crainte qu'il
n'ose lever le doigt, ni son ciel tonner, ni le faucon voler, ni la fourmi
courir. Tu me voudrais prisonnier! eh! vois ton armée gisant à terre comme
des mouches... Que ta haine m'anéantisse, Rakilkoyé, mais celui que
depuis une lune tu comptais garder prisonnier, voici que tu es tombé entre   35
ses mains: l'Empereur Saïf Ézéchiel! »

Et lui-même, saisissant Rakilkoyé par le cou, le jeta aux fers, le traîna à
Tillabéri-Bentia, où il mourut, laissant bétail et richesses et terres à
l'Empereur qui sut se souvenir des pauvres et leur en offrit une part. Al
hamdoulilaï rabbi alamin![8]   40

---

[8]Cette phrase signifie en arabe: « Gloire à Dieu, maître de l'univers ».

QUESTIONS

1. Comment l'auteur donne-t-il un aspect légendaire à son récit?
2. Pourquoi les émissaires ne répondent-ils pas aux jeunes gens? Quel est le but de leur mission?
3. De quelle façon est transmis le message de l'Empereur Saïf à son peuple?
4. En quels termes l'Empire du Nakem est-il décrit?
5. Quelles sont les différentes parties du message de l'Empereur Saïf?
6. Comment sont présentés les rapports entre l'Empereur Saïf et son peuple?
7. Comment interprète-t-on d'abord les termes de la rançon?
8. Qui est-ce qui découvre le sens caché du message? Quelles qualités sont nécessaires pour cela?
9. Expliquez la phrase: « L'hôte n'est hôte que pour une nuit » (page 115, ligne 20).
10. Montrez que l'auteur prend plaisir à se moquer des Gondaïtes.
11. Quels termes opposés, employés par l'Empereur Saïf, illustrent bien son changement d'attitude?
12. De quelle façon la ruse de l'Empereur est-elle glorifiée ici et au cours du récit?
13. Quel est, à votre avis, le point de vue de l'auteur?

SUJETS DE DISCUSSION

1. Montrez que le titre est bien justifié par le contenu du récit.
2. Est-ce que les faits et les personnages sont présentés de façon réaliste ou, au contraire, stylisée? Appuyez votre réponse sur des exemples précis.
3. Qu'est-ce qui caractérise le ton et le style de l'auteur? (Remarquez, par exemple, le mélange de tons nobles et simples, le pastiche de la comparaison poétique, l'art de la caricature, etc.)
4. A quels moments surtout devine-t-on le sourire ironique ou spirituellement cruel de l'auteur?
5. D'après cette « nouvelle historique », essayez de définir l'attitude de l'auteur à l'égard du passé.

SUJETS DE DEVOIRS

1. Étudiez le mélange de sensibilité et d'humour dans les contes de Birago Diop.
2. Comparez deux attitudes de conteur: l'émotion de Birago Diop et l'objectivité de Bernard Dadié.
3. Comparez chez Birago Diop ou Bernard Dadié un conte qui met en scène des animaux et un conte qui met en scène des hommes.

4. Étudiez les différentes formes que prend la satire chez Birago Diop, Bernard Dadié et Yambo Ouologuem.

5. La ruse est le principal ressort de trois des contes. Quel est le but poursuivi par chacun des conteurs?

6. Dans l'évocation du passé, comparez le ton de Yambo Ouologuem et celui d'un autre auteur.

7. Les contes: une leçon de sagesse. Commentez.

8. Montrez l'importance de la tradition et le rôle de la sagesse tradition-nelle dans les contes.

9. Après avoir remarqué l'abondance des images dans les différents contes, commentez cette idée de Léopold Sédar Senghor: « Toute forme concrète est signe et sens... pour tout dire, symbole, expression con-crète d'une force morale, d'une force vitale » (Senghor, « Le Réalisme d'Amadou Koumba », *Liberté I* [Paris: Éditions du Seuil, 1964], p. 176).

10. « Il n'est pas vrai que le réalisme soit le moyen le plus efficace d'exprimer le réel » (Senghor, *Liberté I*, p. 177). Que faut-il entendre par « le réel » et comment s'exprime-t-il dans les contes?

POÈMES

The profoundly lyrical and rhythmic gifts of the Black race have, perhaps more than any other factor, made poetry the preferred medium of French-speaking African and Antillean writers. At a time when the production of novels and plays was still relatively small, the abundance of verse already provided material for two important anthologies. In 1947 Léon Damas, in *Poètes d'expression française, 1900–1945*, presented selections from the work of numerous writers born in the French colonies. Léopold Sédar Senghor in the following year brought out his *Anthologie de la nouvelle poésie nègre et malgache*, with the now famous preface by Jean-Paul Sartre, "Orphée noir." Unlike Damas, who offered a wide representation of Black authors, Senghor limited his choice to those poets who "proclaimed their *négritude* with their talent."

Haiti, an independent nation since the beginning of the nineteenth century, is not represented in the Damas anthology. Senghor, however, gives Haitian poetry an important place, because, from the thirties on, after long being characterized by its imitation of French forms, it began to give evidence of its own originality. Young Haitian intellectuals, reacting to the humiliating experience of the American occupation (see p. 1), stressed their "Indigenism," a literary school which foreshadows the Negritude Movement in its emphasis on themes of Haitian and African inspiration.

Quatre poètes haïtiens

Expression of "Indigenism" can be found in the work of **Léon Laleau,** the present dean of Haitian poets. Léon Laleau, born in 1892 in Port-au-Prince, has practiced the double career of writer and diplomat. As a diplomat, he has represented his country in various capitals of Europe, South and Central America, at the United Nations, and in UNESCO. As a writer, he is admired particularly for his verse, which has won him many distinctions, including the Rose d'Or des Poètes (1968), given each year to a foreign poet writing in French. Laleau's collections of verse—*A voix basse* (1919), *La Flèche au cœur* (1926), *Le Rayon des jupes* (1928), *Abréviations* (1929), *Musique nègre* (1931), *Ondes courtes* (1933), *Orchestre* (1937)—contain poems that are brief and, in outward appearance, conventional. They include Creole scenes and sketches of Parisian life, and—especially since *Musique nègre*—poems in which Laleau gives subtle expression to the duality of his being, as is shown in the selections included here.

The poetry of **Jean-Fernand Brierre,** one of Haiti's most prolific writers, is clearly militant and committed. He was born in Jérémie in 1909 and had a brief career in teaching before being named legation secretary in Paris in 1933. After returning to Haiti, he studied law and later held several government positions, including the ambassadorship to Argentina. However, as a result of his active opposition to President Duvalier's regime, Brierre was obliged to leave Haiti. After living for several years in Jamaica, he settled in Dakar in 1965, where he presently holds a high position in the Senegalese Ministry of Cultural Affairs.

Brierre's abundant literary production includes a novel, *Les Horizons sans ciel* (1935), several plays, and numerous books of poetry, including *Nous garderons le dieu* (1945) and *La Source* (1956). Quite conventional at first, Brierre's verse since the forties has shown an increasingly clear cognizance of the racial question. "Black Soul," the long poem given here, first appeared in 1947. In its appeal to racial pride and its frequently sardonic tone, it reveals the influence of Langston Hughes, whom Brierre had met in 1942–43 while at Columbia University.

"Oui, je suis un nègre-tempête" is **René Depestre's** apt description of himself. He was born in the town of Jacmel in 1926, and at nineteen published his first book of poems, *Étincelles*—"sparks" flung up from the hammer thrusts of the poet's anger. Depestre stands vehemently in favor of an "avant-garde humanism," which he opposes to "the weakening and shameless conformity of the Mandarins of the bourgeois reaction." He believes that the poet must commit himself through social and political action.

Following the success of his first book, Depestre, together with a group of other young men, founded a revolutionary review, *La Ruche*, which was quickly suppressed by the government. As was the case with so many others, Depestre's membership in the Communist Party caused him to be exiled from Haiti. Living first in Paris, he then spent time in various Communist countries, particularly in Cuba. Since *Étincelles*, René Depestre has published six volumes of poems: *Gerbes de sang* (1946), *Végétations de clarté* (1952), *Traduit du grand large* (1952), *Minerai noir* (1956), *Journal d'un animal marin* (1964), and *Un Arc-en-ciel pour l'occident chrétien* (1967). Depestre's revolt against racial injustice and against so-called Western Civilization resonates with a strong faith in Haiti, Africa, and man.

"Piété filiale" is taken from *Étincelles*; "Pour Haïti" and "Alabama," from *Journal d'un animal marin*. "Les Dieux atomiques d'Omaha" forms part of "Pour un nouvel âge du cœur humain," the last section of *Un Arc-en-ciel pour l'occident chrétien*.

"Profession de foi" is the work of a young poet, **Frantz Leroy**, whose book, *Du bec et des ongles*, was published in Port-au-Prince in 1962. All the poems in this brief collection are forceful and direct and are steeped in a bitter militance reminiscent of Depestre.

2 **émoi** (m.) emotion, excitement (*émouvoir* to move, touch)
3 **pli** (m.) fold (cf. *plier*)
   fluant flowing (This adjective comes from the archaic verb *fluer*.)
5 **s'engouffrer** *here:* to rush headlong (*le gouffre* gulf, whirlpool)
   prunelle (f.) pupil (of the eye)
7 **gronder** *here:* to rumble

3 **nue** (f.) cloud (This noun is usually found in poetic and figurative contexts, and is more generally used in the plural.)

Léon Laleau

Cadences nègres

Mais pourquoi voulez-vous que je vous dise
Mon émoi, quand, venue on ne sait d'où,
Je perçois aux plis fluants de la brise
L'excitante cadence du Vaudou?[1]

L'Afrique alors s'engouffre en mes prunelles,　　　　　　　　5
Avec ses déserts, son sable et ses nuits...
Le tambour gronde au loin, sous les tonnelles,[2]
Et je ne sens plus mon cœur d'aujourd'hui.

Prière

Père Agoué,[3] je te salue,
Toi dont la Mer est l'ajoupa[4]
Et qui, lorsque noircit la nue,
Diriges barques et boumbas.[5]

---

[1]*Vaudou*　Culte religieux, importé aux Antilles par les Noirs de l'Afrique occidentale. Le nom vient sans doute d'un mot signifiant *esprit protecteur.*
[2]*tonnelle*　Sorte de tente ou petite case dressée pour les cérémonies impromptu du Vaudou.
[3]*Agoué*　Divinité de la mer dans la religion du Vaudou.
[4]*ajoupa*　Mot caraïbe désignant une petite habitation en bois, recouverte de larges feuilles.
[5]*boumba*　Petit bateau à provisions, du mot anglais «bumboat».

8   **trait** (m.) *here:* dart, shaft
10 **palmier** (m.) palm tree (cf. *la palme*)
12 **coutumier** habitual, customary (cf. *la coutume*)
13 **fraîchir** to blow cool (cf. *frais*)
14 **que = si** (*Que* is frequently used, as here, to avoid repetition of *si, quand,* etc.)
    ululer to howl (This verb is also spelled **hululer.*)
15 **jusques = jusque** (*Jusques* is a poetic form.)
16 **esquif** (m.) small boat
    pêche (f.) *here:* catch (of fish)

1   **glapir** to screech, yelp
3   **fourbu** *here:* dead tired
    fourbir to polish
4   **pagne** (m.) type of loincloth
6   **s'engluer** *here:* to be caught up
8   **escarpin** (m.) dancing shoe, pump
    savate (f.) *here:* rough shoe (*le savetier* cobbler)

Il y a trois petites îles   5
Qui sommeillent au Bassin-Bleu,[6]
Sous la lune aux baisers tranquilles
Ou le soleil aux traits de feu.

La brise y joue avec le sable
A l'ombre longue des palmiers   10
Et le lourd mapou[7] vénérable
S'endort à ses airs coutumiers.

Mais si fraîchit le vent du Nord
Et qu'au loin ulule l'orage,
Accompagne jusques au port   15
L'esquif, la pêche et l'équipage.

Hérédités

J'écoute en moi glapir, certains soirs, le lambi[8]
Qui ralliait mes ancêtres sur la montagne.
Je les revois, membres fourbus, couteau fourbi,
Avec le meurtre aux yeux et du sang sur leur pagne.

Mais aussitôt j'entends un air lent de Rameau[9]   5
Qui s'englue aux clameurs de haines et de guerres.
Aux cris nègres se mêle alors un chalumeau,[10]
Et de fins escarpins aux savates vulgaires...

[6]*Bassin-Bleu*   Petit port intérieur du nord-ouest d'Haïti situé sur les Trois-Rivières, fleuve large et profond, formé de trois cours d'eau.
[7]*mapou*   Arbre à tronc très épais, vénéré par les adeptes du Vaudou.
[8]*lambi*   Sorte de conque (conch) qu'on sonnait autrefois comme signal de révolte parmi les esclaves antillais.
[9]*Jean-Philippe Rameau* (1683–1764)   Compositeur français d'opéras très élégamment classiques.
[10]*chalumeau*   Ce nom désigne toute une variété d'instruments à vent, d'origine champêtre. Le contexte suggère cependant que le poète fait allusion à l'emploi d'un instrument de ce nom — contesté d'ailleurs — dans l'œuvre de certains compositeurs classiques.

trahison (f.) treason (cf. *trahir*)
1   **obséder** to obsess, haunt (cf. *l'obsession*)
3   **mordre** to bite
4   **d'emprunt** borrowed (cf. *emprunter*)
7   **apprivoiser** to tame, train

Trahison

Ce cœur obsédant, qui ne correspond
Pas à mon langage ou à mes costumes,
Et sur lequel mordent, comme un crampon,
Des sentiments d'emprunt et des coutumes
D'Europe, sentez-vous cette souffrance   5
Et ce désespoir à nul autre égal
D'apprivoiser, avec des mots de France,
Ce cœur qui m'est venu du Sénégal?

QUESTIONS

« Cadences nègres »

1. Ce poème pourrait être considéré comme la suite d'un dialogue (« Mais pourquoi voulez-vous que je vous dise . . . »). Imaginez les observations de l'interlocuteur qui auraient provoqué la réponse du poète.
2. D'après ce court poème, quel serait le sentiment de l'auteur envers l'Afrique?

« Prière »

1. A votre avis, qui parle dans ce poème? Quelle sorte de personnage serait-il? Quel pourrait être son métier?
2. Quel effet le poète veut-il créer par la profusion de mots et de noms indigènes?

« Hérédités »

1. Quelle dualité ce petit poème révèle-t-il chez l'auteur?
2. Comment le titre résume-t-il cette dualité?

« Trahison »

1. Comparez ce texte au précédent. Comment celui-ci développe-t-il celui-là?
2. Comparez également les deux titres. Comment cette comparaison reflète-t-elle une différence essentielle entre les deux poèmes?

3 **Vous vous disiez** You said that you were
4 **écumer** to foam, froth (cf. *l'écume*)
6 **creux** (m.) hollow, cavity (*Creux* is also used as an adjective.)
9 **centenaire** century-old
14 **suinter** to ooze
16 **commissure** (f.) *here:* corner (of the lips)
17 **se déployer** to uncoil
19 **paquebot** (m.) steamship
20 **maison close** brothel (*Clos,* in this euphemistic expression, is the past participle
   of the verb *clore,* to enclose.)
22 **pâmer** to swoon
23 **étreinte** (f.) embrace (cf. *étreindre*)
24 **vous ne refusiez la cocaïne ni l'opium / que pour essayer d'endormir . . .**
   you refused neither cocaine nor opium / only to try and deaden . . . (The
   syntax of these lines is elliptical and quite free.)
26 **lanière** (f.) lash, thong

Jean-F. Brierre

Black Soul

Je vous ai rencontré dans les ascenseurs
à Paris.
Vous vous disiez du Sénégal ou des Antilles.
Et les mers traversées écumaient à vos dents,
hantaient votre sourire,   5
chantaient dans votre voix comme au creux des rochers.
Dans le plein jour des Champs-Élysées
je croisais brusquement vos visages tragiques.
Vos masques attestaient des douleurs centenaires.
A la Boule-Blanche[11]   10
ou sous les couleurs de Montmartre,
votre voix,
votre souffle,
tout votre être suintait la joie.
Vous étiez la musique et vous étiez la danse,   15
mais persistait aux commissures de vos lèvres,
se déployait aux contorsions de votre corps
le serpent noir de la douleur.

A bord des paquebots nous nous sommes parlé.
Vous connaissiez les maisons closes du monde entier,   20
saviez faire l'amour dans toutes les langues.
Toutes les races avaient pâmé
dans la puissance de vos étreintes.
Et vous ne refusiez la cocaïne ni l'opium
que pour essayer d'endormir   25
au fond de votre chair la trace des lanières,

[11] *Boule-Blanche* Cabaret parisien au cœur du Quartier Latin.

131

32 **offrande perlée** offering of pearls (In this metaphorical description of a hearty laugh, the poet is calling to mind the expression *un rire perlé*, rippling laughter.)

34 **luxueux** luxurious, sumptuous (cf. *le luxe*)

35 **faix** (m.) burden, weight

40 **mégot** (m.) *(colloquial)* butt (of cigarette or cigar)

43 **mouette** (f.) sea gull
    transi chilled, numb

44 **égaré** lost
    brouillard (m.) fog

47 **ténèbres** (f. pl.) darkness

48 **tantôt** *here:* sometimes
    se dresser to stand erect
    proue (f.) prow

50 **atterrir** to land (cf. *la terre*)

55 **jalonner** to stake out, mark out (*le jalon* surveyor's stake)

57 **sentier** (m.) path

60 **étreindre** to clasp, grip

le geste humilié qui brise le genou
et, dans votre cœur,
le vertige de la souffrance sans paroles.
Vous sortiez de la cuisine   30
et jetiez un grand rire à la mer
comme une offrande perlée.
Mais quand le paquebot vibrait
de rires opulents et de joies luxueuses,
l'épaule lourde encore du faix de la journée,   35
vous chantiez pour vous seul, dans un coin de l'arrière,
vous aidant de la plainte amère du banjo,
la musique de la solitude et de l'amour.
Vous bâtissiez des oasis
dans la fumée d'un mégot sale   40
dont le goût a celui de la terre à Cuba.
Vous montriez sa route dans la nuit
à quelque mouette transie
égarée dans l'épais brouillard
et écoutiez, les yeux mouillés,   45
son dernier adieu triste
sur le quai des ténèbres.

Tantôt vous vous dressiez, dieu de bronze à la proue,
des poussières de lune aux diamants des yeux,
et votre rêve atterrissait dans les étoiles.   50

Cinq siècles vous ont vu les armes à la main
et vous avez appris aux races exploitantes
la passion de la liberté.
A Saint-Domingue[12]
vous jalonniez de suicides   55
et paviez de pierres anonymes
le sentier tortueux qui s'ouvrit un matin
sur la voie triomphale de l'indépendance.
Et vous avez tenu sur les fonts baptismaux,
étreignant d'une main la torche de Vertières[13]   60
et de l'autre brisant les fers de l'esclavage,
la naissance à la Liberté
de toute l'Amérique Espagnole.

[12]*Saint-Domingue* (ou *Santo Domingo*)   Nom donné à Haïti au 17ᵉ siècle par ses colonisateurs français et espagnols.
[13]La bataille de Fort Vertières (le 19 novembre 1803) marqua la victoire décisive des Haïtiens dans leur guerre d'indépendance contre la France.

69 **sillon** (m.) furrow
74 **revendication** (f.) claim, demand (cf. *revendiquer*)
81 **gronder** to rumble
   ***houle** (f.) swell, wave
82 **séculaire** century-old (cf. *le siècle*)
87 **mâcher** to chew (*la mâchoire* jaw)

Vous avez construit Chicago[14]
en chantant les blues,   65
bâti les États-Unis
au rythme des spirituals
et votre sang fermente
dans les rouges sillons du drapeau étoilé.
Sortant des ténèbres,   70
vous sautez sur le ring:
champion du monde,[15]
et frappez à chaque victoire
le gong sonore des revendications de la race.
Au Congo,   75
en Guinée,
vous vous êtes dressé contre l'impérialisme
et l'avez combattu
avec des tambours,
des airs étranges   80
où grondait, houle omniprésente,
le chœur de vos haines séculaires.
Vous avez éclairé le monde
à la lumière de vos incendies.
Et aux jours sombres de l'Éthiopie martyre,   85
vous êtes accouru de tous les coins du monde,
mâchant les mêmes airs amers,
la même rage,
les mêmes cris.
En France,   90
en Belgique,
en Italie,
en Grèce,
vous avez affronté les dangers et la mort...
Et au jour du triomphe,   95
après que les soldats des États-Unis
vous eussent chassé avec René Maran
d'un café de Paris,[16]

---

[14]Quoique susceptible d'une interprétation très générale, ce vers peut viser plus particulièrement les exploits du mulâtre Jean-Baptiste Point du Sable (1745–1818), explorateur et négociant d'origine haïtienne, fondateur du petit établissement commercial qui allait devenir la ville de Chicago.
[15]Le poète semble faire allusion au boxeur américain, Jack Johnson, premier Noir à remporter le championnat du monde des poids lourds (1908).
[16]*René Maran* (1887–1960) Poète et romancier martiniquais. Brierre parle ici d'un rapport — nié, d'ailleurs, par Maran lui-même — selon lequel l'auteur et sa femme auraient été insultés par des soldats américains dans un café parisien.

102   **refouler** to push back
103   **outil** (m.) tool
104   **balai** (m.) broom (cf. *balayer*)
105   **amertume** (f.) bitterness (cf. *amer*)
110   **barbelé** (m.) barbed wire
115   **remettre** *here:* to put away
120   **trêve** (f.) truce
126   **bercer** to rock, cradle (cf. *le berceau*)
132   **ciels** (m.) Note the use of this regular plural, used in literal contexts, as opposed
        to the more figurative *cieux.*
133   **méconnu** ignored (past part. of *méconnaître*)
140   **empreinte** (f.) imprint

vous êtes revenu
sur des bateaux   100
où l'on vous mesurait déjà la place
et refoulait à la cuisine,
vers vos outils,
votre balai,
votre amertume,   105
à Paris,
à New-York,
à Alger,
au Texas,
derrière les barbelés féroces   110
de la Mason Dixon Line
de tous les pays du monde.
On vous a désarmé partout.
Mais peut-on désarmer le cœur d'un homme noir?
Si vous avez remis l'uniforme de guerre,   115
vous avez bien gardé vos nombreuses blessures
dont les lèvres fermées vous parlent à voix basse.

Vous attendez le prochain appel,
l'inévitable mobilisation,
car votre guerre à vous n'a connu que des trêves,   120
car il n'est pas de terre où n'ait coulé ton sang,
de langue où ta couleur n'ait été insultée.
Vous souriez, Black Boy,
vous chantez,
vous dansez,   125
vous bercez les générations
qui montent à toutes les heures
sur les fronts du travail et de la peine,
qui monterez demain à l'assaut des bastilles
vers les bastions de l'avenir   130
pour écrire dans toutes les langues,
aux pages claires de tous les ciels,
la déclaration de tes droits méconnus
depuis plus de cinq siècles,
en Guinée,   135
au Maroc,
au Congo,
partout enfin où vos mains noires
ont laissé aux murs de la Civilisation
des empreintes d'amour, de grâce et de lumière...   140

QUESTIONS

« Black Soul »

1. Dans la première partie du poème (vers 1–18) quel contraste le poète établit-il entre l'apparence des hommes noirs qu'il avait rencontrés à Paris et leurs vrais sentiments, révélés au grand jour?
2. Pourquoi, à votre avis, choisit-il les mots « masques » (vers 9) et « serpent » (vers 18) pour ses descriptions imagées? Quelle force ces mots ajoutent-ils aux passages? Comment renforcent-ils le contraste établi?
3. Quelle est l'attitude du poète devant les phénomènes physiques qu'il raconte (vers 19–29)? Comment présente-t-il les exploits sexuels et les aventures narcotiques de ses sujets?
4. Comment les vers 30–47 dépeignent-ils l'idée de l'aliénation de l'homme noir dans le monde blanc?
5. Quel rôle métaphorique la « mouette transie » joue-t-elle dans cette description?
6. Comment l'image et l'esprit des vers 48–50 diffèrent-ils essentiellement de ce qui les précède? Comment servent-ils à introduire la section qui suit?
7. Selon le poète, quelles ont été les contributions importantes de l'homme noir à la civilisation occidentale pendant cinq siècles? Quelle a été la réaction du monde blanc?
8. Expliquez l'allusion aux « rouges sillons du drapeau étoilé » (vers 69).
9. Quel rôle futur le poète envisage-t-il pour l'homme noir, dans la dernière partie du poème (vers 118–140)?

4   **sillage** (m.) wake of a ship (*le sillon* furrow)
6   **coquelicot** (m.) poppy
7   **rameau** (m.) branch, bough
12 **coller** to stick, glue (cf. *la colle*)
15 **arcanes** (m. pl.) secrets, occult mysteries (This noun is generally used only in the plural.)
18 **grondant** *here:* roaring, rumbling
22 **tenailler** to torture (*la tenaille, les tenailles* pincers)
24 **écarter** to separate

René Depestre

Piété filiale

à Langston Hughes

O race africaine
    sur ta route pas de sourires
    sur ta route pas de fleurs
    tu as laissé un long sillage de larmes
    et de sang   5
    plus pourpre que tous les coquelicots...
    tes rameaux transplantés
    sur des terres peu hospitalières
    n'ont pas tous des feuillages verts...

O terre d'Afrique   10
    la vraie tunique du combattant
    est collée à ma chair
    je veux aujourd'hui parler uniquement pour toi
    pour donner un sens à la vie de tes enfants
    égarés dans les arcanes du monde   15
    mais j'entends dans le lointain
    monter la sourde clameur d'une mosaïque de souffrances
    la grondante symphonie des abandonnés
    blonds, jaunes, noirs, peu importe,
    ils versent tous un sang rouge   20
    et les larmes n'ont pas de couleur
    et la faim tenaille d'une seule façon

O terre lointaine
    ils ont voulu m'écarter de ta grandeur immortelle
    mais leurs voix n'ont pas eu d'échos   25

26   **venin** (m.) poison, venom
     émousser to dull, blunt
28   **on aura beau faire** no matter how they try
     allaiter to suckle (cf. *le lait*)
29   **brebis** (f.) sheep
32   ***humer** to suck in, swallow
37   **émailler** *here:* to strew
39   **récolte** (f.) harvest (cf. *récolter*)
44   **flétrir** This verb has two distinct meanings: 1) to tarnish; 2) to brand, censure.
45   **séculaire** century-old (cf. *le siècle*)
46   **écran** (m.) screen
49   **on t'affuble d'insouciance** they wrap you up in nonchalance (i.e., they accuse
     you of not being concerned)
55   **éparpiller** to scatter
56   **au gré de** at the mercy of (The noun *gré* [pleasure, caprice] is used in a number
     of similar idiomatic expressions.)
     bouillonner to seethe, bubble (*bouillir* to boil)
57   **s'accrocher à** to catch onto, get caught on (*le crochet* hook)
58   **bélier** (m.) *here:* battering ram (*Bélier* is also the name of the animal.)
61   **infliger** to inflict
62   **jaillir** to spurt
64   **proie** (f.) prey
66   **mamelle** (f.) breast

mais leurs venins n'ont point émoussé
ma ferveur et mon amour
on aura beau faire, la vache n'allaitera jamais
les petits de la brebis...
ainsi donc je t'appartiens   30

O race trop malheureuse
tous les champs de bataille ont humé
les derniers souffles de tes fils
ils ont sucé leur sang...
ce sang a enrichi la terre des autres   35
et ces terres sont devenues belles
et ces terres sont émaillées de fleurs
et des plantes y grandissent
et des récoltes y abondent
mais tes enfants ont faim   40
tes filles sont violées
tes hommes sont lynchés

O race martyre
ton courage a flétri leur orgueil
séculaire   45
alors de toi l'on a fait un écran
livré à la fureur des canons
si tu souris dans tes instants d'angoisse
on t'affuble d'insouciance
si dans la ferveur des soirs nostalgiques   50
tu t'identifies à tes héros morts
tu deviens une race sauvage

O ma mère
depuis que des pirates ont
éparpillé tes enfants   55
au gré des mers bouillonnantes
ils se sont tous accrochés à des fatalités inégales
certains ont frappé le lourd bélier
de l'héroïsme
contre le mur de la vie   60
qu'on leur a infligée
le soleil a jailli de toutes parts
mais la liberté demeure encore pour eux
une proie à saisir
ils ne sont pas tous suspendus   65
à ta mamelle féconde

68 **altéré** *here:* thirsty (*se désaltérer* to quench one's thirst)
70 **tant que** so long as
78 **noce** (f.) wedding
79 **biberon** (m.) nursing bottle
81 **foyer** (m.) *here:* home, hearth
82 **lune** (f.) **de miel** honeymoon
87 **issue** (f.) *here:* result, outcome

11 **millénaire** thousand-year

c'est pourquoi le lait de la conscience
n'arrive pas jusqu'à leurs lèvres altérées

O ma race bien-aimée
  tant qu'il y aura des hommes sous le soleil   70
  tant qu'il faudra se reconnaître
  dans le miroir des siècles
  il y aura des brebis qui te voudront
  étoile
  tes rayons réchaufferont les petits enfants de nos petits enfants   75
  c'est pourquoi nous militons
  pour que les filles restent vierges
  jusqu'aux noces joyeuses
  pour que les bébés, leurs biberons
  pleins de lait,   80
  remplissent les foyers de cris
  pour que les fiancés prolongent les lunes de miel
  jusqu'aux limites du bonheur
  pour qu'il n'y ait plus de lits sans draps blancs
  pour qu'il n'y ait plus de faim plus de soif dévorante   85
  plus de défaites au bout des luttes
  plus d'espoir sans issue
  plus de maisons sans gaieté et sans amour

Pour Haïti

Pluie de la patrie, tombe, tombe avec force
    Sur mon cœur qui brûle
    Jette ta bonne eau fraîche
    Sur mon souvenir en feu!

Haïti   5
Il y a des centaines d'années
Que j'écris ce nom sur du sable
Et la mer toujours l'efface
Et la douleur toujours l'efface
Et chaque matin de nouveau   10
Je l'écris sur le sable millénaire
    de ma patience.

23   **vitre** (f.) window

2   **cerisier** (m.) cherry tree (cf. *la cerise*)
7   **mordre** to bite
8   **oreiller** (m.) pillow (cf. *l'oreille*)
13   **boulangerie** (f.) bakery (cf. *le boulanger*)
14   **jadis** formerly, once upon a time
15   **front** (m.) forehead
16   **poupée** (f.) doll

Haïti
Les années passent
Avec leur grand silence de mer   15
Dans mes veines il y a encore du courage
Et de la beauté pour des milliers d'années
Mais le corps dépend de n'importe quel
        petit accident,
Et l'esprit n'a pas l'éternité!   20

Haïti
Toi et moi nous nous regardons
A travers la vitre infinie
Et dans mes yeux pleure
Un seul désir: 25
Sentir encore ta pluie
Sur ma soif de toujours
Sur ma peine de toujours!

Alabama

Si j'ai une fille je ne l'appellerai pas Alabama,
Je ne donnerai pas ce nom au cerisier qui vient de naître près de ma
        maison,
Ni au grand bateau que je lance parfois sur les eaux intérieures de ma
        tendresse.   5
Alabama, je ne nommerai pas ainsi la joie qui dans les yeux parisiens
        de Suzanne cherchait toujours à mordre ma joie.
Alabama, je n'écrirai pas ce mot sur l'oreiller d'un enfant malade,
Ni sur l'horizon d'un prisonnier innocent,
Ni sur les hauts murs de ma tristesse.   10
Alabama, ce n'est pas un nom pour la première école de ton village
        natal,
Ce n'est pas un nom pour un pont, un train, une boulangerie.

Jadis je pouvais imaginer le mot Alabama
Écrit sur le front d'une grande danseuse   15
Ou sur la porte d'un fabricant de poupées.
Maintenant nul au monde ne peut l'écrire

20   **briser** to smash, shatter
22   **cette nuit même** this very night (*Cette nuit* can mean either "last night" or "tonight." As in this case, the context usually makes the meaning clear.)

 5   **gomme** (f.) *here:* eraser
11   **relever** *here:* to mark off
13   **sueur** (f.) sweat
15   **nid** (m.) nest
16   **épouvante** (f.) fright, terror (cf. *épouvanter*)

Sur les vitres de la santé ou de l'espoir.
Alabama, c'est le nom que je lis sur les chaînes de mes frères noirs,
C'est le nom que je lis sur leurs lampes brisées.   20

Et si ma main droite s'appelait aussi Alabama
Je devrais cette nuit même la couper
Pour pouvoir écrire encore des poèmes à la gloire des hommes.

Les Dieux atomiques d'Omaha[17]

1

Mes dieux et moi[18] nous voici à Omaha
Nos vies sont brusquement si lourdes à porter
Que nos jambes avancent à peine. C'est ici
Que l'homme avec ardeur prépare la fin de l'homme
Voici la gomme qui peut effacer la vie   5
Rien ne compte ici: ni l'espoir ni ses rêves
L'homme a cédé sa place à un peuple de monstres
Ils sont là sous nos yeux les merveilleux robots
Ils sont prêts. Ils ont bonne mémoire. Ils savent
Où il faut frapper. Ce sont des géographes   10
De génie: sur leurs cartes ils ont relevé
Les points de la terre où le vent, l'amour, les larmes
La sueur et la pluie promettent aux jours de l'homme
Des yeux et des trésors pour repeupler le monde
De baisers et de fruits de nids et de merveilles!   15

2

Mes dieux végétaux reculent d'épouvante
Devant eux sont alignés
Les grands dieux de l'âge nucléaire

---

[17]En toute probabilité, ce poème, avec ses nombreuses allusions concrètes aux armes et engins de guerre, a été inspiré par les opérations dans le domaine des missiles téléguidés, poursuivies à Offutt Air Force Base, dans les environs de la ville d'Omaha.
[18]Ce texte fait suite à un recueil de poèmes consacrés aux divinités du Vaudou (voir « Cadences nègres », p. 125, note 1). Le contraste voulu entre les dieux que le poète vient de célébrer et « les dieux atomiques » sera évident à travers tout le poème.

29 **maïs** (m.) corn, maize
31 **colombe** (f.) dove
32 **rossignol** (m.) nightingale
    papillon (m.) butterfly, moth
33 **pupitre** (m.) desk
35 **cerise** (f.) cherry
36 **brouillard** (m.) fog (cf. *brouiller*)
39 **sein** (m.) breast
46 **coït** (m.) sexual intercourse
    épopée (f.) epic poem
48 **piment** (m.) pepper
49 **voilier** (m.) sailboat (*la voile* sail)
52 **rosée** (f.) dew
54 **vagin** (m.) vagina
57 **charrue** (f.) plough
    sillon (m.) furrow

Les fabricants de soleils homicides
Les Atlas, les Titans, les Polaris   20
Les Minuteman, les Nike-Zeus
Les Sidewinder et les Hound-Dog
Les assassins de l'espace et du temps
Je traduis pour mes dieux
Les messages secrets   25
Que ces missiles envoient à la terre!

« A bas l'être humain
A bas les étoiles
A bas le maïs et le blé
A bas la pluie et la neige   30
A bas le cheval, le chien et la colombe
A bas le rossignol et le papillon
A bas le pupitre et les fleurs
A bas le phosphore et les crayons
A bas la cerise et la topaze   35
A bas le radar et le brouillard
A bas l'eau, le vent et le calcium
A bas les cahiers et les chaises
A bas les seins et l'azur
A bas le sonnet et le basilic[19]   40
A bas les vitamines de A jusqu'à Z
A bas le cristal et le bois
A bas le baiser et l'algèbre
A bas le sel et la géométrie
A bas le nord et le sud   45
A bas le coït et ses épopées
A bas la pomme, le raisin et le compas
A bas le piment et le stéthoscope. »

« A bas l'orgasme, la lune et le voilier
A bas Einstein et son Mozart   50
A bas les draps et la fumée
A bas la rosée, l'herbe et les amants
A bas le repos, la sueur et le feu
A bas la table, le vagin et la lampe
A bas Tolstoï, la mer et l'espoir   55
A bas l'agneau, le vin et la montre
A bas la charrue, le bœuf et le sillon

---

[19]*basilic*   Il n'est pas clair si le poète veut parler ici de l'animal fabuleux, ou du reptile tropical du même nom.

59 **facteur** (m.) postman
61 **tortue** (f.) tortoise
63 **colibri** (m.) hummingbird
    pensée (f.) *here:* pansy
64 **hirondelle** (f.) swallow
65 **nénuphar** (m.) water lily
72 **se blottir** to huddle, cower
76 **affamé** starving (cf. *la faim*)
77 **s'abattre** to pounce
83 **dompter** to tame

A bas Homère, les ponts et la santé
A bas la poupée, le facteur et l'alouette
A bas l'alphabet et la nostalgie   60
A bas la tortue, le coq et le cinéma
A bas le charbon et le vers libre
A bas le melon, le colibri et la pensée
A bas Van Gogh, le diamant et l'hirondelle
A bas le citron, le nénuphar et la bonté   65
A bas le silence, le miel et le travail
A bas le lit, la joie et la liberté
A bas l'alpha et l'oméga de la vie!

    Demain, la Bombe H! »

3

Les dieux de mon village natal   70
Sont soudain des dieux-enfants
Qui se blottissent contre moi
Ils voient venir la révolution de la cendre
La terre déshabillée par les bombes H
Le dessin de millions de corps sur les murs[20]   75
Les tigres affamés de cent mille soleils
Qui s'abattent d'un seul coup sur le monde
Et ils tremblent les pères de mes racines
Ils ne connaissent pas de source ni de feuilles
Pour laver le visage et le cœur d'Omaha   80
Eux qui n'ont pas peur du ku-klux-klan
Et des autres rois du coton et du pétrole
Eux qui savent d'un regard dompter
Les chiens sauvages du vent et de la pluie
Et les grands léopards de la foudre et du feu   85
Eux qui ont vécu plusieurs années sous la mer
Eux les braves, les purs et les justes
Les anges verts de la terre et du ciel
Les voici à mes côtés, impuissants
Désarmés, et vaincus par ces nouveaux dieux   90
Les dieux de l'eau lourde[21] et du cobalt
Qui n'ont pas eu d'enfance, qui n'ont
Jamais bâti des maisons de sable

---

[20] A la suite des premières explosions atomiques, à Hiroshima et à Nagasaki, on a trouvé la silhouette de bon nombre de victimes, dont le corps avait été complètement volatilisé, dessinée contre des murs. C'est sans doute à ce phénomène que pense le poète.
[21] *l'eau lourde* Variété isotopique d'eau employée dans certaines réactions nucléaires.

Et n'ont jamais pleuré tout un soir sans raison
En écoutant pleuvoir dans leur vie intérieure   95
Oh! porteurs d'étoiles meurtrières
Ne riez pas de mes dieux agraires
Parce qu'ils n'ont pas rompu les ponts
Avec le premier sel de la terre: l'homme!

QUESTIONS

« Piété filiale »

1. Comment faut-il comprendre la métaphore « tes rameaux transplantés » (vers 7)? De qui le poète parle-t-il symboliquement?
2. La deuxième strophe commence sur une note uniquement africaine: « O terre d'Afrique . . . je veux aujourd'hui parler uniquement pour toi » (vers 10–13). Est-ce qu'elle continue de la même manière? A quelles réflexions plus générales le poète se livre-t-il ensuite?
3. Dans la troisième strophe le poète se sert des mots « ils » et « leurs ». A qui ces mots se rapportent-ils?
4. Expliquez l'allusion à la vache qui « n'allaitera jamais / les petits de la brebis » (vers 28–29). Quelle est son application dans le contexte du poème?
5. Quelle cruelle ironie sert de base à toute la quatrième strophe? De quelle injustice du destin le poète se lamente-t-il?
6. « Si tu souris . . . une race sauvage » (vers 48–52). Expliquez ces vers. Comment le poète s'attaque-t-il ici à certaines accusations stéréotypées lancées injustement contre son peuple?
7. A quelle « mère » le poète s'adresse-t-il (vers 53)? A son avis, quel rôle cette « mère » doit-elle jouer dans la vie de ses « enfants »? Est-ce que tous ses « enfants » ont profité également de ses soins?
8. Quel destin, quelle fonction positive le poète envisage-t-il pour sa « race bien-aimée » (vers 69–75)?
9. Selon la dernière strophe, pourquoi le poète lutte-t-il? Quel avenir cherche-t-il en militant contre les abus? Pour qui?

« Pour Haïti »

1. Relevez les vers qui indiquent que ce poème a été composé par un poète exilé de sa terre natale.
2. Étudiez les hyperboles employées dans la deuxième et la troisième strophe (vers 6, 11, 17). Est-ce uniquement de l'exagération poétique, ou le

poète cherche-t-il à dépasser les limites strictement personnelles de son malheur?
3. La troisième strophe révèle une lutte chez le poète entre la patience et l'impatience. Comment l'exprime-t-il? Expliquez ses allusions.
4. A votre avis, comment peut-on entendre l'expression « la vitre infinie » (vers 23)?
5. Étudiez le rôle essentiel que l'eau, sous plusieurs formes, joue dans le langage figuré de ce poème. Comment sert-elle à relier le début et la fin dans une unité métaphorique?

« Alabama »

1. Commentez la variété des choses et des êtres auxquels le poète refuserait de donner le nom « Alabama ». Malgré leur grande variété, qu'est-ce qu'ils ont tous de commun?
2. A votre avis, pourquoi le poète aurait-il trouvé le son du nom agréable autrefois?
3. Qu'est-ce que le nom représente aujourd'hui dans son esprit?
4. Pourquoi, croyez-vous, le poète garde-t-il pour la fin du poème l'idée de la dernière strophe? Quelle est la force spéciale de cette idée?

« Les Dieux atomiques d'Omaha »

1. Comment le poète dépeint-il, dans la première partie du poème, la déshumanisation de l'homme?
2. Étudiez l'emploi de l'ironie dans les vers 8–11.
3. Dans la première section, quels symboles expriment les valeurs positives de la vie humaine?
4. Expliquez l'emploi de l'adjectif « végétaux » que le poète applique à ses dieux (vers 16).
5. Commentez l'énorme variété d'objets et de phénomènes destinés à être détruits par les « dieux atomiques » dans leur long message. Comment le dernier vers, « A bas l'alpha et l'oméga de la vie! » (vers 68), donne-t-il une certaine unité à l'ensemble?
6. Après cette tirade, quel est l'effet du vers isolé, « Demain, la Bombe H! »?
7. Quelle est la réaction des dieux du poète devant le message de ces autres dieux modernes? Pourquoi?
8. Commentez l'unité métaphorique des vers 76–77, 84–85.
9. Étudiez en détail le contraste frappant que le poète fait ressortir entre ses dieux à lui et « les dieux de l'eau lourde » (vers 89–95).
10. Expliquez l'allusion aux « porteurs d'étoiles meurtrières » (vers 96).
11. Résumez chacune des trois divisions de ce poème. Qu'est-ce que chaque section apporte à l'ensemble?

3   **recrue** (f.) recruit (Note the feminine gender of this noun, even though it usually
     refers to males.)
4   **aigre** bitter (cf. *aigrir*)
5   **mets** (m.) food, dish
     fiel (m.) gall, bile
6   **mine** (f.) *here:* expression, face
7   **creux** hollow, empty
10   **festin** (m.) feast (cf. *la fête, fêter*)
12   **vomissure** (f.) vomit (cf. *vomir*)
14   **tâche** (f.) task (cf. *tâcher*)
16   **lutter** to struggle (cf. *la lutte*)
19   **garnir** to trim, garnish
20   **plus d'affameurs et d'affamés** no more starvers, no more starved

Frantz Leroy

Profession de foi

Non, jamais, jamais plus.
Je n'irai plus jamais, plus m'asseoir à votre table
Et vous pouvez vous dire: une recrue de moins
J'ai goûté votre vin, il m'a paru aigre
J'ai pris de vos mets, ils m'ont semblé du fiel   5
J'ai détesté vos mines et sourires hypocrites
Et vos phrases creuses et vos mots vides de sens.
Non, jamais, jamais plus.
Je n'irai plus jamais m'asseoir à votre table
Car je ne veux plus de vos festins cannibales   10
J'en garde encore au cœur une certaine nausée
Et à la bouche un goût de vomissures.
Non, jamais, jamais plus. J'ai compris.
J'ai compris combien était grande la tâche à accomplir
Mais aussi combien elle était belle   15
Et j'ai voulu être de ceux qui luttent
Qui luttent non pour qu'ils ne soient pas mangés
Mais pour que les autres aussi aient la vie sauve
Pour que la table soit garnie pour tous
Pour qu'il n'y ait plus d'affameurs et d'affamés.   20

QUESTIONS

« Profession de foi »

1. A qui le poète s'adresse-t-il?
2. Ce court poème se laisse diviser en trois parties distinctes: vers 1–7, 8–12, 13–20. Ces divisions sont-elles disposées au hasard, ou suivent-elles une certaine logique?

3. Quel sentiment le poète manifeste-t-il en se décrivant comme « une recrue de moins » (vers 3)?
4. Quelle ironie y a-t-il dans l'emploi du mot « cannibales » (vers 10)? L'idée suggérée par le mot est-elle reprise par la suite?
5. Expliquez le titre. Quelle est la foi que le poète professe?

SUJETS DE DISCUSSION

1. On a, autrefois, reproché à la poésie de Léon Laleau une négritude folklorisée et un manque d'« engagement » racial. Selon les poèmes donnés, discutez cette opinion.
2. Il serait à propos de dire que Laleau, dans sa production poétique, fait preuve d'une sorte de schizophrénie culturelle. Relevez des exemples de cette dualité. Laquelle de ses deux cultures — française et noire — semble l'emporter?
3. Quel rôle le langage, le style et la technique de ses poèmes jouent-ils dans l'expression de cette dualité culturelle?
4. Étudiez « Black Soul » de Jean-F. Brierre (a) comme œuvre artistique, et (b) comme œuvre didactique, cherchant à répandre un message. Lequel des deux aspects du poème, croyez-vous, l'emporte sur l'autre?
5. Comme œuvre didactique, ce poème réussit-il à prouver sa thèse? Discutez et défendez votre point de vue.
6. Tracez, à travers « Black Soul », le rapport entre le côté négatif et le côté affirmatif de son message; c'est-à-dire, dans l'exposition des malheurs et des victoires de l'homme noir.
7. Étudiez l'attitude militante révélée dans les poèmes de René Depestre. Le poète se contente-t-il de généralités en lançant ses accusations, ou s'attaque-t-il à des choses concrètes? Précisez.
8. Cet esprit militant s'adresse-t-il uniquement au racisme anti-noir, ou pourrait-on parler d'un « humanisme » chez Depestre? Discutez.
9. Étudiez le lyrisme personnel chez Depestre, en le comparant aux autres aspects de sa poésie.
10. Étudiez, à travers les poèmes donnés, l'emploi fréquent de la métaphore chez Depestre.
11. La poésie de Depestre ne manque pas d'ironie et de sarcasme. Relevez-en des exemples, et étudiez leur rôle dans les textes.
12. Comparez la vision de l'Afrique dans « Piété filiale » à celle que Laleau présente dans « Cadences nègres » et « Hérédités ».
13. Le thème et l'esprit de « Piété filiale » rappellent le poème « Black Soul » de Brierre. Comparez les deux œuvres du point de vue du message et de la présentation artistique.

14. Étudiez la composition du poème de Frantz Leroy, en traçant surtout son développement métaphorique.
15. Comparez son côté « art » et son côté « message ».
16. Ce poème se laisse comparer à certaines œuvres de Depestre. Étudiez les ressemblances, surtout en ce qui concerne (a) l'idéalisme des deux poètes, et (b) leur emploi de l'ironie.
17. Étudiez les similarités et les différences de style évidentes dans les poèmes des quatre poètes: Laleau, Brierre, Depestre et Leroy.

Les Initiateurs de la négritude

It was not by chance that Senghor, Césaire, and Damas met in Paris in the 1930s. All three belonged to the same generation; all three were from the colonies and had their *baccalauréat* degree; and like so many other scholarship students or children from well-to-do families, they had come to study in Paris. Their meeting, which was also the meeting of Africa and the Antilles, marks the beginning of the Negritude Movement.

Léopold Sédar Senghor was born in Joal, Senegal, in 1906 into an important and wealthy family of Serer ethnic stock. His childhood was free and happy, as so much of his poetry reveals. When he was eight, Senghor was sent to the École des Pères du Saint Esprit, where he began the study of Wolof and French. At sixteen, a zealous student, he was at the parochial school of Dakar. In 1928 Senghor went to study in Paris, first at the Lycée Louis-le-Grand, later at the Sorbonne. After scoring brilliantly in the competitive exams for the presitigious *agrégation*, he began a teaching career in the French *lycée* system. As Black Africa's first *professeur agrégé*, Senghor personifies the synthesis of classical cultures— in which he is deeply versed—and of Black Africa, as witnessed by his article "Ce que l'homme noir apporte" (1939). This cultural crossbreeding is reflected in the poems written during this period and later collected in *Chants d'ombre* (1945). The poems also speak of his feeling for France, where he was living, and for his homeland, his "Royaume d'enfance," from which he felt himself exiled. Senghor served in the French army during the Second World War, and after the fall of France in 1940 spent two years of captivity in Germany. The poems in *Hosties noires*, published in 1948, deal in large part with the war, and especially with the fate of his Black brothers, the Senegalese riflemen. After the war, with Senegal's entrance into the Union Française, Senghor entered political life. Consistently reelected Deputy to the French National Assembly from his country, he became, in 1960, the first president of the newly independent Republic of Senegal. Senghor's importance as a statesman and man of letters has been widely recognized and honored in Europe, Africa, and America.

Beyond the two volumes mentioned, Senghor's poetic work includes *Éthiopiques* (1956) and *Nocturnes* (1961). He has also published numerous lectures, articles, and essays. Whether he speaks in these prose pieces as a literary critic or as a statesman, as an *agrégé* in French or an authority on Black African languages and esthetics, Senghor is constant in forwarding a concept of *négritude* which he presents to the world "as a cornerstone in the construction of the Civilization of the Universal." With the exception of "Une main de lumière," which is one of the "Chants pour Signare" from *Nocturnes*, the poems given here are from *Chants d'ombre*.

Léon-Gontran Damas was born in 1912 in Cayenne, the principal town of French Guiana. His family belonged to the established mulatto bourgeoisie and had a strong sense of its own social and intellectual position. After a sickly childhood, Damas spent his last year of *lycée* in Fort-de-France, Martinique, in the same school where Aimé Césaire was a student. In Paris, Damas took up the study of law and Oriental languages, both of which he dropped in favor of ethnography. At the same time he began to frequent the Black society of Paris, mixing not only with African artists and Black American writers, but in the most varied of social circles. At this point, Damas' family cut off his financial support, and he was obliged to find odd jobs in order to subsist.

He had meanwhile come in contact with the group that had published *Légitime Défense* (see p. 2), to whom he introduced his friends, Aimé Césaire and Léopold Sédar Senghor. Of the three, Damas was the first to publish a volume of verse. *Pigments*, with a preface by the well-known French poet Robert Desnos, appeared in 1937. The poems' sarcastic tone, in which the young Damas insists on the color of his skin, constituted a reproach to European culture and to those who ape it. It also encouraged the Senegalese soldiers to rebel, caused the confiscation of his book by the French government, and made Damas famous among the Blacks in Paris. In his essay, *Retour de Guyane* (1938), Damas openly denounced French policy in the colonies because it imposed French culture to the detriment of traditional Black values.

Léon Damas has served as Deputy from French Guiana, which became a *département* of France in 1946. A tireless traveler, he divides his time between Paris and America, where he has lectured widely. In addition to the Guianan tales (p. 7) and the anthology *Poètes d'expression française* (p. 121), already mentioned, Damas has published a volume of translations from African poetry entitled *Poèmes nègres sur des airs africains* (1948), *Graffiti* (1952), *Black-Label* (1956), and *Névralgies* (1965). The poems printed here are all from his first collection, *Pigments*.

The third poet of the Negritude triumvirate, **Aimé Césaire**, was born in 1913 in Basse-Pointe, a small town in Martinique. Following his education at the Lycée Schœlcher in Fort-de-France, he left Martinique on scholarship to continue his studies in Paris. He left, he says, "ecstatically: I was literally suffocating among those Negroes who thought that they were white." He returned in 1939, after years that had been rich in thought and experience. Césaire's enthusiastic dedication to literature, philosophy, and history represents only a part of his involvement. Through his close friendship with Léopold Sédar Senghor, Césaire discovered Africa. As a co-founder of the review *L'Étudiant Noir*, which he began with Senghor and Damas, he was not only interested in questions of African art, but in social and political problems as well.

Césaire's sense of belonging to the Black world, and of his own uprootedness, his revolt against the physical and moral slavery imposed by colonialism, his desire to shake the apathy of his fellow Antilleans— these are the explosive tensions that underlie his literary work. It is an impressive production marked first by the *Cahier d'un retour au pays natal*, conceived and composed during the years in Paris, but published in its entirety only in 1947. There followed the founding of *Tropiques*, the review that he and his wife began in 1942, when the war had cut Martinique off from the rest of the world. Césaire's collections of poems include *Les Armes miraculeuses* (1946), in which the surrealistic and often obscure imagery is one of the means by which he expresses his typical poetic vision; *Soleil cou coupé* (1947), and *Corps perdu* (1949)—these last two reissued in 1961 as *Cadastres;* and, most recently, *Ferrements* (1960).

Meanwhile, the enthusiastic and admired teacher of 1940 had become a political leader whom the people elected mayor of Fort-de-France and Deputy from Martinique when it became a French *département* in 1946. Since Césaire's first play, *Et les chiens se taisaient*, of which an early version was included in *Les Armes miraculeuses*, the poet and the statesman have been inseparably bound in the playwright. The problem of the leader at grips with his people, and of his struggle with power in the new independent states, is one of the themes of the *Tragédie du Roi Christophe* (1963; revised in 1970) and of *Une Saison au Congo* (1966; revised in 1967). *Une Tempête* (1969), a free adaptation of Shakespeare's *The Tempest*, deals with the relationship of master and slave. Another theme, which in fact informs all Césaire's writing, is that of Mother Africa, apparent in the poems given here. The first three are taken from the revised edition of *Soleil cou coupé* (1961); the last, from *Ferrements*.

2 **foule** (f.) crowd
  semblable (m.) *here:* fellowman
  au visage de pierre stone-faced (The preposition *à* is often used in this descriptive
    sense.)
3 **tour** (f.) tower
  migraine (f.) headache
4 **brume** (f.) fog, haze, mist
5 **grave** solemn, serious
6 **fait** *here:* become, turned to
  poussière (f.) dust
7 **gratuit** free, gratuitous
  répandre to shed, spill
  le long de along, alongside
  mêler to mix (cf. *le mélange*)
8 **boucherie** (f.) *here:* butcher shop (cf. *le boucher*)
9 **banlieue** (f.) suburb
10 **distrait** *here:* listless, inattentive (*distraire* to distract)
  couché sleeping, lying
17 **cimetière** (m.) cemetery
21 **irréductible** unyielding
22 **protéger** to protect
  comme vous avez fait The verb *faire* is used here to avoid the repetition of *protéger*.
  migrateur (m.) wanderer
23 **mince** slender

Léopold Sédar Senghor

In Memoriam

C'est Dimanche.

J'ai peur de la foule de mes semblables au visage de pierre.

De ma tour de verre qu'habitent les migraines, les Ancêtres impatients

Je contemple toits et collines dans la brume

Dans la paix — les cheminées sont graves et nues.   5

A leurs pieds dorment mes morts, tous mes rêves faits poussière

Tous mes rêves, le sang gratuit répandu le long des rues, mêlé au sang
    des boucheries.

Et maintenant, de cet observatoire comme de banlieue

Je contemple mes rêves distraits le long des rues, couchés au pied des   10
    collines

Comme les conducteurs de ma race sur les rives de la Gambie[1] et du
    Saloum[2]

De la Seine maintenant, au pied des collines.

Laissez-moi penser à mes morts!   15

C'était hier la Toussaint, l'anniversaire solennel du Soleil[3]

Et nul souvenir dans aucun cimetière.

O Morts, qui avez toujours refusé de mourir, qui avez su résister à
    la Mort

Jusqu'en Sine[4] jusqu'en Seine, et dans mes veines fragiles, mon sang   20
    irréductible

Protégez mes rêves comme vous avez fait vos fils, les migrateurs aux
    jambes minces.

---

[1]*Gambie* Fleuve de l'Afrique occidentale, qui naît dans le Fouta-Djallon et traverse une partie du sud du Sénégal.

[2]*Saloum* Fleuve côtier du Sénégal.

[3]Le poète réunit dans ce vers une fête païenne et la fête catholique de tous les saints célébrée le 1er novembre, veille du jour des morts.

[4]*Sine* Région natale de L. S. Senghor. Le Sine est également le nom d'un affluent (*tributary*) du Saloum.

24   **dominical** Sunday (used as an adjective)
26   **que** = pour que

2   **vêtu** clothed (past part. of *vêtir*) (cf. *le vêtement*)
3   **grandir** to grow up (cf. *grand*)
      bander to cover (*le bandeau* band, blindfold)
4   **voilà que** then suddenly (Note the personification of *Été* and *Midi* to indicate the
         author's coming of age.)
5   ***haut** (m.) top
      col (m.) *here:* mountain pass
      calciner to burn, parch
6   **foudroyer** *here:* to strike (*la foudre* thunderbolt)
      en plein cœur to the very heart
      éclair (m.) lightning flash
      aigle (m.) eagle
8   **mûr** ripe (cf. *mûrir*)
      à = avec (Note the descriptive use of the preposition *à*.)
      chair (f.) flesh
10   **savane** (f.) tropical grassland
      frémir to shudder
12   **tendu** *here:* taut
      gronder *here:* to mutter (cf. *le grondement*)
      vainqueur (m.) conqueror (cf. *vaincre*)
14   **grave** *here:* low
16   **huile** (f.) oil
      rider to ruffle (*la ride* wrinkle)
      souffle (m.) breath (cf. *souffler*)
18   **attache** (f.) *here:* (wrist or ankle) joint (*attacher* to join)
20   **délices** (f. pl.) delights (The word *délice* is masculine in the singular.)
21   **moirer** to mottle, speckle
22   **chevelure** (f.) head of hair (cf. *le cheveu*)
      angoisse (f.) distress, anguish
      prochain *here:* neighboring (cf. *proche*)

O Morts! défendez les toits de Paris dans la brume dominicale
Les toits qui protègent mes morts　　　　　　　　　　　　　25
Que de ma tour dangereusement sûre, je descende dans la rue
Avec mes frères aux yeux bleus
Aux mains dures.

Femme noire

Femme nue, femme noire
Vêtue de ta couleur qui est vie, de ta forme qui est beauté!
J'ai grandi à ton ombre; la douceur de tes mains bandait mes yeux.
Et voilà qu'au cœur de l'Été et de Midi, je te découvre Terre promise,[5]
　　du haut d'un haut col calciné　　　　　　　　　　　　　5
Et ta beauté me foudroie en plein cœur, comme l'éclair d'un aigle.

Femme nue, femme obscure
Fruit mûr à la chair ferme, sombres extases du vin noir, bouche qui
　　fais lyrique ma bouche
Savane aux horizons purs, savane qui frémis aux caresses ferventes du　10
　　Vent d'Est
Tamtam sculpté, tamtam tendu qui grondes sous les doigts du vain-
　　queur
Ta voix grave de contralto est le chant spirituel de l'Aimée.

Femme nue, femme obscure　　　　　　　　　　　　　　　　15
Huile que ne ride nul souffle, huile calme aux flancs de l'athlète, aux
　　flancs des princes du Mali[6]
Gazelle aux attaches célestes, les perles sont étoiles sur la nuit de ta
　　peau
Délices des jeux de l'esprit, les reflets de l'or rouge sur ta peau qui se　20
　　moire
A l'ombre de ta chevelure, s'éclaire mon angoisse aux soleils prochains
　　de tes yeux.

---

[5]*Terre promise* Comparaison avec la terre de Chanaan, que Dieu avait promise aux
Hébreux.
[6]*Mali* Un des grands empires africains du Moyen Age. (Ce nom est maintenant celui
d'une république d'Afrique occidentale.)

26   **réduire** to reduce
     cendre (f.) ash
     nourrir to nourish, feed (cf. *la nourriture*)
27   **racine** (f.) root

     le long de along, throughout (The poet uses here, in referring to time, an expres-
     sion generally applied to places.)
1   **étroit** narrow
2   **langueur** (f.) languor, listlessness
3   **sécheresse** (f.) dryness (cf. *sec, sécher*)
     se tordre to twist, writhe
4   **angoisse** (f.) distress, agony
6   **jacasser** to chatter
7   **volière** (f.) aviary (cf. *voler*)
8   **secouer** to shake
     banc (m.) bench, seat
     ferraille (f.) scrap iron (cf. *le fer*)
9   **poussif** wheezy
     poussiéreux dusty (cf. *la poussière*)
10   **cherchant l'oubli de l'Europe** trying to forget Europe (cf. *oublier*)

3   **ombre** (f.) shade, shadow
4   **surréel** surrealistic (i.e., dreamlike)
     grève (f.) beach

Femme nue, femme noire
Je chante ta beauté qui passe, forme que je fixe dans l'Éternel,   25
Avant que le Destin jaloux ne te réduise en cendres pour nourrir les
   racines de la vie.

Tout le long du jour...

Tout le long du jour, sur les longs rails étroits
Volonté inflexible sur la langueur des sables
A travers Cayor et Baol[7] de sécheresse où se tordent les bras les
   baobabs[8] d'angoisse
Tout le long du jour, tout le long de la ligne   5
Par les petites gares uniformes, jacassantes petites négresses à la sortie
   de l'École et de la volière
Tout le long du jour, durement secoué sur les bancs du train de ferraille
   et poussif et poussiéreux
Me voici cherchant l'oubli de l'Europe au cœur pastoral du Sine.[9]   10

Joal[10]

Joal!
Je me rappelle.

Je me rappelle les signares[11] à l'ombre verte des vérandas
Les signares aux yeux surréels comme un clair de lune sur la grève.

[7]Cayor et Baol sont situés dans la région sablonneuse de l'ouest du Sénégal.
[8]*baobab* Arbre des régions tropicales. Peu élevé, il a un tronc énorme et ses branches
très longues et lourdes s'inclinent jusqu'à terre. Le nom signifie « arbre de mille ans ».
[9]Voir « In Memoriam », page 165, note 4.
[10]*Joal* Village natal de L. S. Senghor, situé au bord de l'Atlantique à une centaine de kilo-
mètres au sud de Dakar, dans la région du Sine. Joal est réputé pour sa douceur de vivre.
[11]Du portugais « senhora », ce mot désigne une femme mulâtre appartenant à la haute
société. Une partie du recueil de poèmes *Nocturnes* (1961) a pour sous-titre « Chants pour
Signare ».

5   **faste** (m.) pomp
    couchant (m.) sunset
6   **tailler** to cut (*le tailleur* tailor)
7   **festin** (m.) feast (cf. *la fête*)
    troupeau (m.) herd (cf. *la troupe*)
8   **égorger** to slaughter (*la gorge* throat)
9   **querelle** (f.) dispute (cf. *quereller*)
10 **païen** pagan
12 **nubile** marriageable
13 **chœur** (m.) chorus
    lutte (f.) *here:* wrestling (cf. *lutter*)
14 **penché** leaning forward
    élancé slender
17 **las** tired, weary
    le long de *here:* throughout
    parfois now and then
18 **orphelin** orphaned
    sangloter to sob (cf. *le sanglot*)

2   **à = avec**
    orage (m.) storm
    sillonner to streak (*le sillon* furrow)
    éclair (m.) lightning flash
    foudre (f.) *here:* thunderbolt
4   **que = pour que**
    rompre to break
    barrage (m.) dam
5   **requérir** to demand, require
6   **orgueil** (m.) pride (cf. *orgueilleux*)
7   **superbe** (f.) pride, arrogance (This word is used here in a literary sense.)

Je me rappelle les fastes du Couchant   5
Où Koumba N'Dofène[12] voulait faire tailler son manteau royal.

Je me rappelle les festins funèbres fumant du sang des troupeaux
    égorgés[13]
Du bruit des querelles, des rhapsodies des griots.[14]

Je me rappelle les voix païennes rythmant le *Tantum Ergo*,[15]   10
Et les processions et les palmes et les arcs de triomphe.
Je me rappelle la danse des filles nubiles.
Les chœurs de lutte[16] — oh! la danse finale des jeunes hommes, buste
Penché élancé, et le pur cri d'amour des femmes — *Kor Siga!*[17]

Je me rappelle, je me rappelle...   15
Ma tête rythmant
Quelle marche lasse le long des jours d'Europe où parfois
Apparaît un jazz orphelin qui sanglote sanglote sanglote.

Le Totem[18]

Il me faut le cacher au plus intime de mes veines
L'Ancêtre à la peau d'orage sillonnée d'éclairs et de foudre
Mon animal gardien, il me faut le cacher
Que je ne rompe le barrage des scandales.
Il est mon sang fidèle qui requiert fidélité   5
Protégeant mon orgueil nu contre
Moi-même et la superbe des races heureuses...

[12]*Koumba N'Dofène* Roi du Sine dont le territoire n'a été absorbé par le reste du Sénégal qu'en 1925. Il lui arrivait de rendre visite en grand équipage au père de Senghor. Le poète enfant était émerveillé par son faste.
[13]Au Sénégal, les cérémonies en l'honneur d'un mort comprennent des sacrifices à ses mânes et aux mânes de ses ancêtres, que l'on apaise avec le sang de troupeaux égorgés.
[14]*griot* Nom donné dans l'ouest africain à des conteurs et musiciens. Certains griots sont attachés à de grandes familles dont ils racontent l'histoire et les hauts faits, au cours de cérémonies importantes. Ils sont donc les dépositaires de la tradition orale.
[15]*Tantum Ergo* Hymne catholique en l'honneur du Saint-Sacrement. Les mots du vers suivant évoquent les processions religieuses de la Fête-Dieu.
[16]*chœurs de lutte* Chœurs chantés pour encourager les lutteurs à montrer leur valeur.
[17]*Kor Siga* Champion de Siga. Siga est le nom de la femme ou de la fiancée du jeune lutteur.
[18]*totem* Animal considéré comme l'ancêtre ou le protecteur d'une collectivité ou d'un individu.

1   **paupière** (f.) eyelid
2   **sourire** (m.) smile (*le rire* laughter)
     brouillard (m.) fog (*brouiller* to mix up, confuse)
     flotter to float, hover
4   **aurore** (f.) dawn
5   **tel = comme**
     jadis formerly
     sève (f.) sap
7   **brousse** (f.) tropical brushland
     bandeau (m.) here: headband (cf. *bander*)
8   **ceindre** to put around (*la ceinture* belt)
     front (m.) forehead
     pâtre (m.) shepherd (This noun is more literary than the common term *berger*.)
9   **emprunter** to borrow
     troupeau (m.) flock (cf. *la troupe*)
10   **ombre** (f.) shade, shadow
     cil (m.) eyelash
11   **paître** to graze, put to pasture (cf. *le pâtre*)
     mugissement (m.) bellowing, lowing (cf. *mugir*)
13   **tout le long du jour** all day long

Une Main de lumière...

(pour flûtes)[19]

Une main de lumière a caressé mes paupières de nuit
Et ton sourire s'est levé sur les brouillards qui flottaient monotones
  sur mon Congo.[20]
Mon cœur a fait écho au chant virginal des oiseaux d'aurore
Tel mon sang qui rythmait jadis le chant blanc de la sève dans les   5
  branches de mes bras.
Voici la fleur de brousse et l'étoile dans mes cheveux et le bandeau
  qui ceint le front du pâtre-athlète.
J'emprunterai la flûte qui rythme la paix des troupeaux
Et tout le jour assis à l'ombre de tes cils, près de la Fontaine Fimla[21]   10
Fidèle, je paîtrai les mugissements blonds de tes troupeaux.
Car ce matin une main de lumière a caressé mes paupières de nuit
Et tout le long du jour, mon cœur a fait écho au chant virginal des
  oiseaux.

QUESTIONS

« In Memoriam »

1. Où se trouve le poète? Que voit-il? Relevez des notations précises à travers tout le poème.
2. Qui est désigné par « mes semblables au visage de pierre »? Expliquez cette image.
3. Comment s'exprime la mélancolie du poète dans les vers 1 à 15?
4. Expliquez « O Morts . . . qui avez su résister à la Mort » (vers 18–19), en vous appuyant sur le vers suivant.
5. A qui le poète adresse-t-il une prière? Qu'est-ce qu'il demande? Quelle force trouve-t-il dans cette prière?
6. Montrez que, par le style même, le poète unit, dans sa méditation, ses attaches avec le pays natal et sa vie présente.
7. Rapprochez le début et la fin du poème, en particulier le vers 2 et les vers 26 à 28. Quelle évolution s'est produite dans les sentiments du poète?

[19]Surtout depuis le recueil *Éthiopiques* (1956), Senghor précise l'instrument de musique qui doit accompagner chaque poème; car, selon lui, le poème est rythme et chant.
[20]Ce grand fleuve de l'Afrique a une valeur symbolique pour le poète.
[21]*Fimla*   Petit bourg sur les bords du Sine, situé près de Dyilor, village où Senghor a passé une partie de son enfance. Le paysage entre les deux villages est dominé par des rizières (*rice fields*) et des fontaines. Selon le poète lui-même, il a donné le nom de Fimla à une de ces fontaines, « probablement par allitération ».

« Femme noire »

1. En vous rappelant que ce poème a été écrit pendant le premier séjour de L. S. Senghor en France, expliquez la valeur symbolique de la première strophe.
2. Comment peut-on voir que le poète, ici, ne pense pas à une femme réelle?
3. Après avoir relevé les expressions empreintes de sensualité, nombreuses dans ce poème, remarquez les éléments spirituels qui s'y mêlent.
4. Quelles images montrent que le poète assimile la femme noire à l'Afrique?
5. Comment le poète, en particulier dans la troisième strophe, idéalise-t-il la femme noire?
6. Quel est le ton de la dernière strophe?

« Tout le long du jour... »

1. Remarquez que le titre est fait de monosyllabes. Quel rapport voyez-vous entre ce groupe de mots plusieurs fois répété et le contenu du poème?
2. « . . . où se tordent les bras les baobabs d'angoisse » (vers 3–4). Quel serait, en prose, l'ordre de ces mots? Quel est l'effet produit par l'inversion?
3. Relevez et expliquez les images de ce poème. Montrez que le poète anime ainsi un paysage monotone mais qui lui est cher.
4. Comment la composition de ce poème, fait d'une seule longue phrase, traduit-elle l'état d'esprit du poète tel qu'il est exprimé à la fin?

« Joal »

1. Bien que l'évocation de chaque souvenir commence également par « je me rappelle », ne pourrait-on pas voir une progression allant d'un souvenir purement personnel aux souvenirs liés à la vie de tout le village? Précisez chacun de ces souvenirs.
2. Remarquez l'abondance des souvenirs visuels et auditifs. Relevez les termes importants.
3. Quelle opposition implicite se trouve dans le vers 10?
4. Justifiez l'emploi de l'adjectif « orphelin » (vers 18) appliqué au jazz dans ce contexte.
5. En comparant les vers 3 à 14 et les vers 15 à 18, montrez que l'évocation du passé est plus vivante que le moment présent.

« Le Totem »

1. Quelle sorte d'animal pourrait être évoqué par la façon dont le poète parle de son totem?
2. Relevez les expressions qui montrent, en réalité, l'intériorisation de ce totem.
3. D'après ce poème, quels sont les sentiments du poète à l'égard de son passé et de sa race? Quel rapport établit-il entre lui et les « races heureuses »?

« Une main de lumière... »

1. Analysez avec précision le premier vers et montrez qu'il donne le ton à tout le poème.
2. Relevez les termes empruntés au vocabulaire pastoral. En assimilant son chant à celui du pâtre, quel état d'âme le poète veut-il traduire?
3. Relevez les alliances de mots inattendues et expliquez leur valeur poétique.
4. Qu'apporte la reprise des vers 1 et 4 à la fin du poème? Remarquez l'importance des mots ajoutés, la seconde fois, par le poète.

solde (m.) bargain, clearance sale (The word *solde* has several meanings, and exists in both genders. The present context seems to suggest the meanings given.)

3   **smoking** (m.) dinner jacket

4   **plastron** (m.) shirt front

5   **faux-col** (m.) detachable collar

7   **melon** (m.) *here:* derby hat, bowler (short for *chapeau melon*)

9   **orteil** (m.) toe

10   **transpirer** to sweat

     déshabiller to undress (cf. *habiller*)

11   **emmaillotage** (m.) *(coined word)* swaddling clothes (cf. *emmailloter*) The usual word for swaddling clothes is *les langes* (m.).

     affaiblir to weaken (cf. *faible*)

12   **enlever** to remove

     cache-sexe (m.) loincloth

14   **usine** (f.) factory

20   **courbette** (f.) bowing (*faire des courbettes* to bow and scrape)

21   **singerie** (f.) mimicry, affectation (*le singe* monkey)

Léon Damas

Solde

pour Aimé Césaire

J'ai l'impression d'être ridicule
dans leurs souliers
dans leur smoking
dans leur plastron
dans leur faux-col   5
dans leur monocle
dans leur melon

J'ai l'impression d'être ridicule
avec mes orteils qui ne sont pas faits
pour transpirer du matin jusqu'au soir qui déshabille   10
avec l'emmaillotage qui m'affaiblit les membres
et enlève à mon corps sa beauté de cache-sexe

J'ai l'impression d'être ridicule
avec mon cou en cheminée d'usine
avec ces maux de tête qui cessent   15
chaque fois que je salue quelqu'un

J'ai l'impression d'être ridicule
dans leurs salons
dans leurs manières
dans leurs courbettes   20
dans leur multiple besoin de singeries

J'ai l'impression d'être ridicule
avec tout ce qu'ils racontent

28   **assaisonner** to season, spice
32   **paillasson** (m.) doormat (*la paille* straw)
35   **souteneur** (m.) *here:* pimp, procurer
36   **égorgeur** (m.) cutthroat (cf. *la gorge*)

clochard (m.) *(colloquial)* tramp, beggar
2   ***hardes** (f. pl.) rags, old clothes (This noun is used only in the plural.)
5   **tendre** to stretch out, hold out
7   **soutenir** *here:* to act as a *souteneur* (i.e., pimp)
8   **putain** (f.) *(vulgar)* whore
9   **ce sacré foutu pays** this damned screwed-up country (*Sacré* is used sarcastically; *foutu* is popular slang.)
13   **creux** hollow (*creuser* to dig)

jusqu'à ce qu'ils vous servent l'après-midi
un peu d'eau chaude   25
et des gâteaux enrhumés[22]

J'ai l'impression d'être ridicule
avec les théories qu'ils assaisonnent
au goût de leurs besoins
de leurs passions   30
de leurs instincts ouverts la nuit
en forme de paillasson

J'ai l'impression d'être ridicule
parmi eux complice
parmi eux souteneur   35
parmi eux égorgeur
les mains effroyablement rouges
du sang de leur ci-vi-li-sa-tion

Un Clochard m'a demandé dix sous

Moi aussi un beau jour j'ai sorti
mes hardes
de clochard

Moi aussi
avec des yeux qui tendent   5
la main
j'ai soutenu
la putain de misère

Moi aussi j'ai eu faim dans ce sacré foutu pays
moi aussi j'ai cru pouvoir   10
demander dix sous
par pitié pour mon ventre
creux

---

[22]*gâteaux enrhumés* Jeu de mots sur les noms « rhume » (common cold) et « rhum » (rum).

16   **flic** (m.) *(colloquial)* cop
29   **en avoir marre** *(colloquial)* to be fed up
30   **se gausser** to make fun
32   **se régaler** to treat oneself, have a fine time (*le régal* entertainment, pleasure)

1   **sabot** (m.) *here:* hoof
2   **somme** (f.) *here:* burden (With this meaning the word is generally used only in
        the expression *bête de somme.*)
3   **marteler** to hammer (cf. *le marteau*)
7   **matineux** early rising (cf. *le matin*)
8   **repu** full, brimming (past part. of *repaître,* to feed, satiate)

Moi aussi
jusqu'au bout de l'éternité de leurs   15
boulevards à flics
combien de nuits ai-je dû
m'en aller
moi aussi
les yeux creux   20

Moi aussi
j'ai eu faim les yeux creux
moi aussi j'ai cru
pouvoir demander dix sous
les yeux   25
le ventre
creux
jusqu'au jour où j'en ai eu
marre
de les voir se gausser   30
de mes hardes de clochard
et se régaler
de voir un nègre
les yeux ventre creux

En file indienne

Et les sabots
des bêtes de somme
qui martèlent en Europe
l'aube indécise encore
me rappellent   5
l'abnégation étrange
des trays[23] matineux
repus
qui rythment aux Antilles
les hanches des porteuses   10
en file indienne

[23]*tray*   Mot anglais employé dans le langage créole pour désigner une sorte de plateau rectangulaire, porté généralement contre les hanches.

1   **trêve de blues** enough of the blues, an end to blues (*la trêve* truce, respite)
    (Note the use of borrowed English words, as in lines 6 and 7.)
2   **martèlement** (m.) hammering (cf. *marteler, le marteau*)
3   **bouché** *here:* muted (*boucher* to plug up)
6   **séance** (f.) session
8   **énerver** *here:* to unnerve
9   **fauve** (m.) wild beast
10 **lâchage** (m.) This noun, usually meaning "abandonment" (cf. *lâcher*), seems to
    refer here to the adjective *lâche* (cowardly).
11 **léchage** (m.), **lèche** (f.) Both nouns are from the verb *lécher* (to lick), and suggest
    an obsequious attitude. The second is used in the colloquial expression *faire
    de la lèche.*

Et l'abnégation étrange
des trays matineux
repus
qui rythment aux Antilles 15
les hanches des porteuses
en file indienne
me rappellent
les sabots
des bêtes de somme 20
qui martèlent en Europe
l'aube indécise encore

Trêve

Trêve de blues
de martèlements de piano
de trompette bouchée
de folie claquant des pieds
à la satisfaction du rythme 5

Trêve de séances à tant le swing
autour de rings
qu'énervent
des cris de fauves

Trêve de lâchage 10
de léchage
de lèche
et
d'une attitude
d'hyperassimilés 15

Trêve un instant
d'une vie de bon enfant
et de désirs
et de besoins
et d'égoïsmes 20
particuliers.

2 **aboyer** to bark (Here, the verb takes a direct object, *une mort prochaine quelconque*, in the sense of "to bark at."
5 **écumer** to foam, froth (cf. *l'écume*)
7 **empêcher** to prevent
11 **rien ne saurait** nothing would be able (Note this common use of *savoir*.)
12 **mare** (f.) pool
15 **coutelas** (m.) large knife
  tranchant sharp, cutting (cf. *trancher, la tranche*)
16 **mettre à nu** to strip

  *hoquet (m.) hiccup
1 **j'ai beau** it's useless for me
  avaler to swallow
  gorgée (f.) mouthful (cf. *la gorge, gorger*)
4 **secouer** to shake up (cf. *la secousse*)
6 **flic** (m.) *(colloquial)* cop
  voyou (m.) *(colloquial)* bum, tramp

Si souvent

Si souvent mon sentiment de race m'effraie
autant qu'un chien aboyant la nuit
une mort prochaine
quelconque
Je me sens prêt à écumer toujours de rage   5
contre ce qui m'entoure
contre ce qui m'empêche
à jamais d'être
un homme

Et rien   10
rien ne saurait autant calmer ma haine
qu'une belle mare
de sang
faite
de ces coutelas tranchants   15
qui mettent à nu
les mornes à rhum[24]

Hoquet

pour Vashti et Mercer Cook

Et j'ai beau avaler sept gorgées d'eau
trois à quatre fois par vingt-quatre heures
me revient mon enfance
dans un hoquet secouant
mon instinct   5
tel le flic le voyou

Désastre
parlez-moi du désastre
parlez-m'en

[24]*mornes* Collines à sommet arrondi, typiques de certains paysages antillais, et sur les-
quelles on cultive la canne à sucre servant à la fabrication du rhum.

10 **voulant d'un fils** anxious for a son (The idiomatic expression *vouloir de*, followed
    by a noun, is more commonly used in the negative.)
14 **gaspiller** to waste
16 **sueur** (f.) sweat
18 **os** (m.) bone
21 **se passer de** to get along without
    rot (m.) *(colloquial)* belch
22 **cure-dents** (m.) toothpick
23 **défense de** forbidden to (cf. *défendre*)
24 **au su / au vu de tout le monde** to everyone's knowledge (The usual expression
    is *au vu et au su de.*)
28 **balayer** to sweep (cf. *le balai*)
42 **effets** (m. pl.) *here:* clothes, things

Ma mère voulant d'un fils très bonnes manières à table   10
    Les mains sur la table
    le pain ne se coupe pas
    le pain se rompt
    le pain ne se gaspille pas
    le pain de Dieu   15
    le pain de la sueur du front de votre Père
    le pain du pain

    Un os se mange avec mesure et discrétion
    un estomac doit être sociable
    et tout estomac sociable   20
    se passe de rots
    une fourchette n'est pas un cure-dents
    défense de se moucher
    au su
    au vu de tout le monde   25
    et puis tenez-vous droit
    un nez bien élevé
    ne balaye pas l'assiette

    Et puis et puis
    et puis au nom du Père   30
            du Fils
            du Saint-Esprit
    à la fin de chaque repas

        Et puis et puis
        et puis désastre   35
parlez-moi du désastre
parlez-m'en

Ma mère voulant d'un fils mémorandum

    Si votre leçon d'histoire n'est pas sue
    vous n'irez pas à la messe   40
    dimanche
    avec vos effets des dimanches

    Cet enfant sera la honte de notre nom
    cet enfant sera notre nom de Dieu
    Taisez-vous   45
    Vous ai-je ou non dit qu'il vous fallait parler français
    le français de France

56   **vos chaussures de sales** The *de* is used idiomatically to introduce the predicate
     adjective.
57   **que je vous y reprenne** The subjunctive here has an exclamatory force.
61   **s'ébattre** to play
     Untel So-and-so (humorous spelling of *un tel*)

le français du français
le français français

Désastre 50
parlez-moi du désastre
parlez-m'en

Ma Mère voulant d'un fils
fils de sa mère

Vous n'avez pas salué voisine 55
encore vos chaussures de sales
et que je vous y reprenne dans la rue
sur l'herbe ou la Savane[25]
à l'ombre du Monument aux Morts
à jouer 60
à vous ébattre avec Untel
avec Untel qui n'a pas reçu le baptême

Désastre
parlez-moi du désastre
parlez-m'en 65

Ma Mère voulant d'un fils très do
très ré
très mi
très fa
très sol 70
très la
très si
très do
ré-mi-fa
sol-la-si 75
do

Il m'est revenu que vous n'étiez encore pas
à votre leçon de vi-o-lon
Un banjo
vous dîtes un banjo 80
comment dîtes-vous
un banjo
vous dîtes bien
un banjo

[25]*la Savane*   **Place publique au centre de la ville de Cayenne.**

86   **souffrir** *here:* to allow, permit

Non monsieur   85
      vous saurez qu'on ne souffre chez nous
ni ban
ni jo
ni gui
ni tare   90
les *mulâtres* ne font pas ça
laissez donc ça aux *nègres*

QUESTIONS

« Solde »

1. L'adjectif « leur(s) » est employé plusieurs fois à partir de la première strophe. A qui se rapporte-t-il? Quelle nuance de sentiment le poète veut-il y ajouter, croyez-vous?
2. Dans la première strophe, commentez l'ordre des noms mentionnés (« souliers . . . smoking . . . » etc.). Est-ce que le poète les a arrangés au hasard?
3. Les strophes suivantes, elles aussi, sont-elles arrangées au hasard? Suivez leur développement.
4. Le poète dit que ses maux de tête cessent chaque fois qu'il salue quelqu'un (vers 15–16). Expliquez.
5. Expliquez la manière dont le poète écrit le mot « civilisation » (vers 38).
6. Comment ce poème constitue-t-il une éloge de la liberté?
7. Étudiez les éléments stylistiques du poème. Quel effet produisent-ils?

« Un Clochard m'a demandé dix sous »

1. Pourquoi le titre est-il essentiel à la compréhension de ce poème?
2. Tout le long du poème Damas se compare au clochard du titre. Quel changement d'attitude distingue la fin du poème (vers 28–34) des vers précédents?
3. Quel effet le poète vise-t-il en utilisant tant d'expressions et de mots tirés de la langue familière?
4. Comparez ce poème à « Solde ». En supposant que les deux poèmes sont faits d'éléments autobiographiques datant de la jeunesse parisienne de Damas, quel contraste frappant se dégage de la comparaison?

« En file indienne »

1. Pourrait-on accuser Damas de faire du folklore gratuit dans ce poème? Discutez.
2. Quel effet est créé par la forme du poème? Comment est-il renforcé par le mot « et » en tête de chaque strophe?
3. Comment la forme souligne-t-elle le message?
4. Quelle est la force du dernier vers? Suggère-t-il, au vers 22, quelque chose de plus fort qu'au vers 4?

« Trêve »

1. Dans ce poème le poète s'attaque à plusieurs attitudes stéréotypées. Lesquelles?
2. Comment emploie-t-il le sarcasme pour s'y attaquer?
3. Quel est le message positif du poème? Que prêche le poète à l'homme noir?
4. Comparez le message présenté ici à celui du poème « En file indienne ». En quoi sont-ils semblables?

« Si souvent »

1. Comparez la colère exprimée dans la première strophe à celle qui se révèle dans la seconde. Laquelle est la plus frappante?
2. Comment le langage des deux strophes renforce-t-il cette différence? Quelle différence y a-t-il entre la métaphore de la première et la phrase déclarative de la seconde?
3. A qui le poète s'en prend-il vraiment dans les derniers vers? Quel symbolisme faut-il voir dans « ces coutelas tranchants »?

« Hoquet »

1. Expliquez la métaphore employée au début du poème (vers 1–6).
2. Qu'est-ce que le poète entend par le mot « désastre »?
3. Quel rôle la mère du poète joue-t-elle dans ce poème?
4. Imaginez un dialogue entre l'enfant et sa mère.
5. Comment les deux derniers vers résument-ils tout le poème?
6. Comparez l'idée essentielle de ce poème à celle de « Solde ».

1 **De loin en proche,** etc. The usual expressions are *de loin en loin* (at long intervals)
   and *de proche en proche* (step by step).
   circoncis (m. pl.) circumcised people (cf. *circoncire*)
2 ***hors mœurs** exceptional (*Hors* [beyond] is generally followed by *de.*)
3 **coup** (m.) *here:* drink
6 **bondir** to jump up, leap (In addition to an indirect object, the verb here takes
   an unusual direct object: *Comment . . . ne bondirait-il pas . . . sa tiédeur . . . .*)
   tiédeur (f.) lukewarmness (cf. *tiède*)
7 **trahison** (f.) treason (cf. *trahir*)
8 **salé** salted (cf. *le sel*)
9 **venin** (m.) venom
10 **marsouin** (m.) porpoise
   naufrage (m.) shipwreck
12 **souris** (f.) mouse
13 **paupière** (f.) eyelid
14 **course** (f.) race (cf. *courir*)
15 **abîme** (m.) abyss
16 **étamine** (f.) stamen
   filet (m.) web *(le fil* thread)
18 **éclatement** (m.) explosion (cf. *éclater*)
   trame (f.) woof; weaving (*tramer* to weave)
   serré *here:* tight
20 **chevelure** (f.) head of hair (cf. *le cheveu*)
   genêt (m.) broom plant
   s'obstiner à to persist in
   pousser *here:* to grow
21 **arrière-saison** (f.) end of autumn
   yeux à marine enigmatic expression possibly indicating blue-green eyes
22 **quadrige** (m.) Roman chariot drawn by four horses
   piétiner to trample (cf. *le pied, le piéton*)
   savane (f.) tropical grassland
   vaste Note that the adjective is used here as an adverb.
24 **fauve** (m.) *here:* color of the fawn
25 **sanglot** (m.) sob (cf. *sangloter*)

Aimé Césaire

Totem[26]

De loin en proche de proche en loin le sistre[27] des circoncis
et un soleil hors mœurs
buvant dans la gloire de ma poitrine un grand coup de vin
rouge et de mouches
comment d'étage en étage de détresse en héritage le totem   5
ne bondirait-il pas au sommet des buildings sa tiédeur de
cheminée et de trahison?
comme la distraction salée de ta langue destructrice
comme le vin de ton venin
comme ton rire de dos de marsouin dans l'argent du nau-   10
frage
comme la souris verte qui naît de la belle eau captive de
tes paupières
comme la course des gazelles de sel fin de la neige sur la
tête sauvage des femmes et de l'abîme   15
comme les grandes étamines de tes lèvres dans le filet bleu
du continent
comme l'éclatement de feu de la minute dans la trame serrée
du temps
comme la chevelure de genêt qui s'obstine à pousser dans   20
l'arrière-saison de tes yeux à marine
chevaux du quadrige piétinez la savane de ma parole vaste
ouverte

du blanc au fauve
il y a les sanglots le silence la mer rouge et la nuit   25

[26]Voir « Le Totem », p. 171, note 18.
[27]sistre Instrument de musique aux sons extrêmement perçants.

1   **sol** (m.) ground
     de = avec
2   ***hâte** (f.) haste (cf. **hâter*)
3   **dénouer** to unravel (cf. *le dénouement*)
4   **peste** (f.) plague
5   **annoncière** This is a rare and poetic form of the feminine adjective *annonciatrice*.
6   **flot** (m.) wave (*flotter* to float)
     galet (m.) pebble
     pétrir to knead
8   **pain** (m.) *here:* loaf
     réclusion (f.) solitary confinement at hard labor
11   **échouer** *here:* to run aground
13   **ceinture** (f.) belt
17   **se faner** to wilt, wither
18   **tourner à l'aigre** to turn sour
19   **aigrette** (f.) tuft
     orgue (m.) pipe organ (The word is feminine in the plural.)
20   **épineux** prickly (*l'épine* thorn)
     tranchant cutting, trenchant (*trancher* to slice)
23   **gicler** to spurt
24   ***herse** (f.) *here:* portcullis, fortress gate
25   **donner la passe à** to give way to
     muletier (m.) mule driver (cf. *le mulet, la mule*)
26   **désespérance** (f.) despair (cf. *l'espoir, l'espérance*)
27   ***houle** (f.) swelling, surging
28   **ramas** (m.) mass of worthless objects
     salut (m.) *here:* bow, nod (cf. *saluer*)
     colère (f.) anger
30   **fée** (f.) fairy
     rencontre (f.) meeting (cf. *rencontrer*)
31   **paysage** (m.) landscape (cf. *le pays*)
     nain (m.) dwarf
     braquer to aim
32   **pli** (m.) fold (cf. *plier*)
33   **croître** to grow, swell (cf. *la croissance*)
     sexe (m.) *here:* phallus
     regard (m.) glance (cf. *regarder*)
34   **déboucher** to emerge
35   **blesser** to wound (cf. *la blessure*)

A l'Afrique

à Wifredo Lam

Paysan frappe le sol de ta daba[28]
dans le sol il y a une hâte que la syllabe de l'événement
ne dénoue pas
je me souviens de la fameuse peste[29]
il n'y avait pas eu d'étoile annoncière   5
mais seulement la terre en un flot sans galet pétrissant
d'espace
un pain d'herbe et de réclusion
frappe paysan frappe
le premier jour les oiseaux moururent   10
le second jour les poissons échouèrent
le troisième jour les animaux sortirent des bois
et faisaient aux villes une grande ceinture chaude très forte
frappe le sol de ta daba
il y a dans le sol la carte des transmutations et des ruses   15
de la mort
le quatrième jour la végétation se fana
et tout tourna à l'aigre de l'agave[30] à l'acacia
en aigrettes en orgues végétales
où le vent épineux jouait des flûtes et des odeurs tran-   20
chantes
Frappe paysan frappe
il naît au ciel des fenêtres qui sont mes yeux giclés
et dont la herse dans ma poitrine fait le rempart d'une
ville qui refuse de donner la passe aux muletiers de la   25
désespérance
Famine et de toi-même houle
ramas où se risque d'un salut la colère du futur
frappe Colère
il y a au pied de nos châteaux-de-fées pour la rencontre   30
du sang et du paysage la salle de bal où des nains braquant
leurs miroirs écoutent dans les plis de la pierre ou du sel
croître le sexe du regard
Paysan pour que débouche de la tête de la montagne celle
que blesse le vent   35

---

[28]*daba*   Houe (hoe) africaine.
[29]Par ces mots, le poète désigne l'époque de l'esclavage.
[30]*agave*   Grande plante dont les feuilles, grasses, se terminent par une pointe aiguë.

36 **tiédir** to become lukewarm (cf. *tiède, la tiédeur*)
    gorgée (f.) mouthful (cf. *la gorge*)
37 **vague** (f.) wave
38 **sable** (m.) sand
    noyer to drown
    chair (f.) flesh
    déchirer to tear, mangle
39 **épure** (f.) rough sketch
    algue (f.) seaweed
    graine (f.) seed (cf. *le grain*)
    bulle (f.) bubble
40 **souvenance** (f.) recollection (This form is more literary than *le souvenir.*)
    précatoire *(coined word)* in praying pose
41 **soit ton geste = que ton geste soit** The subjunctive is used here in the impera-
    tive form.
    ***hurler** to howl
42 **creux** (m.) hollow *(creuser* to dig) *(Creux* is also used as an adjective.)
    parfaire to perfect
44 **en scrupule** in germ *(Scrupule* is used here in its original Latin sense of "pebble.")
    charger to load
46 **glisser** to glide
    carène (f.) keel, hull (of a ship)
47 **songe** (m.) dream (cf. *songer*)
48 **saccage** (m.) devastation *(saccager* to plunder)
    éclater to burst
50 **n'avoir garde de** to take care not to
    écarter *here:* to push back
53 **crépuscule** (m.) twilight
54 **paupière** (f.) eyelid
    clapoter to lap, splash lightly against
    tiède lukewarm (cf. *tiédir*)
    inassoupi awake *(assoupir* to make drowsy)
55 **autruche** (f.) ostrich
    courrière messengerlike (This adjective exists in the feminine form only and is ex-
    clusively poetic.)
    subitement suddenly (cf. *subit*)
56 **ému** (past part. of *émouvoir*) moved, stirred (cf. *l'émotion*)
    avenir (m.) future

1   **peau** (f.) skin
    usine (f.) factory
2   **aigle** (m.) eagle
4   **passe** (f.) *here:* thrust (in fencing)
    su past part. of *savoir*
6   **sève** (f.) sap

pour que tiédisse dans sa gorge une gorgée de cloches
pour que ma vague se dévore en sa vague et nous ramène
sur le sable en noyés en chair de goyaves[31] déchirés en une
main d'épure en belles algues en graine volante en bulle
en souvenance en arbre précatoire   40
soit ton geste une vague qui hurle et se reprend vers le
creux de rocs aimés comme pour parfaire une île rebelle
à naître
il y a dans le sol demain en scrupule et la parole à charger
aussi bien que le silence   45

Paysan le vent où glissent des carènes arrête autour de mon
visage la main lointaine d'un songe
ton champ dans son saccage éclate debout de monstres
marins
que je n'ai garde d'écarter   50
et mon geste est pur autant qu'un front d'oubli
frappe paysan je suis ton fils
à l'heure du soleil qui se couche le crépuscule sous ma
paupière clapote vert jaune et tiède d'iguanes[32] inassoupis
mais la belle autruche courrière qui subitement naît des   55
formes émues de la femme me fait de l'avenir les signes de
l'amitié

Ode à la Guinée[33]

Et par le soleil installant sous ma peau une usine de force
et d'aigles
et par le vent sur ma force de dent de sel compliquant ses
passes les mieux sues
et par le noir le long de mes muscles en douces insolences   5
de sèves montant

---

[31]*goyave*   Baie (berry) sucrée, fruit du goyavier, arbre cultivé en Amérique tropicale.
[32]*iguane*   Reptile d'Amérique tropicale. Ce nom est d'origine caraïbe.
[33]*Guinée*   Nom donné autrefois à la partie de l'Afrique comprise entre le Sénégal et le
Congo, et baignée par le Golfe de Guinée. Le nom de Guinée a longtemps symbolisé
l'Afrique aux yeux des Noirs du Nouveau Monde. De façon plus précise, la Guinée était
un pays d'Afrique occidentale, qui, dès le début de la traite des Noirs, fut le principal
marché d'esclaves.

7   **couché** lying
    descellé *here:* unprotected (from which the *sceau,* the protective seal, has been removed)
8   **sucer** to suck
    liane (f.) liana, climbing vine
9   **cadastre** (m.) official property register (*Cadastre* is also the title of the collection from which this poem is taken.)
10 **eau** (f.) **de source** spring water
12 **fougère** (f.) fern
15 **saluer** to greet (cf. *le salut*)
16 **fracasser** to smash, shatter (cf. *le fracas*)
    grumeleux rough, grainy
18 **dénaturé** *here:* deprived of their natural qualities (i.e., by slavery and colonization)
21 **muet** silent
23 **gardien** (m.) protector (cf. *garder*)
24 **ébranler** to shake
26 **profondeur** (f.) depth (cf. *profond*)
    méduse (f.) jellyfish

2   **trouble** (adj.) murky

et par la femme couchée comme une montagne descellée
et sucée par les lianes
et par la femme au cadastre mal connu où le jour et la
nuit jouent à la mourre[34] des eaux de source et des métaux   10
rares
et par le feu de la femme où je cherche le chemin des fou-
gères et du Fouta-Djallon[35]
et par la femme fermée sur la nostalgie s'ouvrant

            JE TE SALUE   15

Guinée dont les pluies fracassent du haut grumeleux
des volcans un sacrifice de vaches pour mille faims
et soifs d'enfants dénaturés
Guinée de ton cri de ta main de ta patience
il nous reste toujours des terres arbitraires   20
et quand tué vers Ophir[36] ils m'auront jamais muet
de mes dents de ma peau que l'on fasse
un fétiche[37] féroce gardien du mauvais œil
comme m'ébranle me frappe et me dévore ton solstice
en chacun de tes pas Guinée   25
muette en moi-même d'une profondeur astrale de méduses

Pour saluer le Tiers Monde

à Léopold Sédar Senghor

                        Ah!
mon demi-sommeil d'île si trouble
sur la mer![38]

---

[34]*mourre*   Jeu italien dans lequel deux joueurs montrent rapidement un certain nombre de
doigts, en essayant d'en deviner la somme totale.
[35]Voir « Les Mamelles », p. 11, note 3. Le Fouta-Djallon était aussi le siège d'un empire
puissant aux 18ᵉ et 19ᵉ siècles.
[36]*Ophir*   Contrée mal déterminée de l'Orient antique où, dit-on, le roi Salomon envoyait
chercher de l'or et des pierres précieuses.
[37]Voir « Sarzan », page 39, note 26.
[38]C'est, bien sûr, de la Martinique que parle Césaire.

6   **pousser** *here:* to grow, develop
8   **bannière** (f.) banner, flag
     gorge (f.) throat
11   **maladroit** clumsy, awkward (cf. *adroit*)
13   **lointain** distant, far away (cf. *loin*)
14   **veilleur, veilleuse** wakeful (cf. *la veillée, veiller*)
18   **Il y fait clair** There is plenty of light
19   **orage** (m.) storm
24   **frisson** (m.) shudder (cf. *frissonner*)
25   **nouer** to tie together (*le nœud* knot)
28   **rugir** to roar
30   **ban** (m.) banishment (cf. *bannir*)
     barre (f.) Several interpretations are possible in this context: bar (of iron), tiller (of
     a ship), prison bar, etc.

Et voici de tous les points du péril
l'histoire qui me fait le signe que j'attendais.   5
Je vois pousser des nations.
Vertes et rouges, je vous salue,
bannières, gorges du vent ancien,
Mali, Guinée, Ghana[39]

et je vous vois, hommes,   10
point maladroits sous ce soleil nouveau!

Écoutez:
    de mon île lointaine
    de mon île veilleuse
je vous dis Hoo!   15
    Et vos voix me répondent
    et ce qu'elles disent signifie:
« Il y fait clair ». Et c'est vrai:
même à travers orage et nuit
pour nous il y fait clair.   20
D'ici je vois Kiwu vers Tanganyika descendre
par l'escalier d'argent de la Ruzizi[40]
(c'est la grande fille à chaque pas
baignant la nuit d'un frisson de cheveux)

d'ici, je vois noués   25
Bénoué, Logone et Tchad;
liés, Sénégal et Niger.[41]
Rugir, silence et nuit rugir, d'ici j'entends
rugir le Nyiragongo.[42]

De la haine, oui, ou le ban ou la barre   30
et l'arroi qui grunnit,[43] mais

[39]*Mali, Guinée, Ghana* Noms d'anciens empires africains repris par des républiques lors
de leur accession à l'indépendance. En janvier 1959 la république soudanaise forma avec
le Sénégal la Fédération du Mali, qui dura jusqu'en août 1960. En septembre 1960 cette
république devint indépendante et prit le nom de République du Mali. La Guinée (voir
« Ode à la Guinée », p. 199, note 33) a été, parmi les anciennes colonies françaises, la
première à opter pour l'indépendance à la suite du référendum de septembre 1958. Le
Ghana, colonie britannique sous le nom de Gold Coast, était indépendant depuis 1957.
[40]Le lac Tanganyika est situé en Afrique orientale. Il est dominé par des versants (*slopes*)
abrupts, d'où descendent de nombreux torrents, dont la Ruzizi, au nord, amenant les eaux
du lac Kiwu.
[41]Cette énumération rapproche deux rivières de l'Afrique équatoriale (Bénoué et Logone),
un grand lac de l'Afrique centrale (le lac Tchad), et deux fleuves de l'Afrique occidentale
(Sénégal et Niger).
[42]*Nyiragongo* Volcan du Congo au nord-est du lac Kiwu.
[43]L'auteur emploie deux mots plutôt archaïques pour suggérer le bruit peu plaisant que fait
tout ce qui accompagne *le ban* et *la barre*. *Arroi* désignait un équipage; *grunnir* signifiait
grogner, gronder.

32 **roide** *here:* stinging
    contus bruised (cf. *la contusion*)
33 **décroître** to decrease, diminish (cf. *croître*)
    la gueule négrière the jaws of slavery (*Gueule* is a colloquial and rather pejorative
    term.)
35 **péripétie** (f.) adventure, development
36 **bourrelet** (m.) *here:* swelling
37 **à part** *here:* off to one side
    à portée de within the reach of
43 **émietter** to crumble (*la miette* crumb) (Note the use of *que* and the subjunctive
    here to express a wish.)
44 **se frotter** to rub
    poitrine (f.) breast
49 **apaisement** (m.) tranquillity (cf. *la paix*)
52 **aviser** *here:* to perceive (The reflexive construction here replaces the passive voice.)
53 **taisant** (pres. part. of *taire*) silencing
    oripeau (m.) tinsel
    éclat (m.) *here:* glitter
57 **strier** to score, mark with scratches
59 **paume** (f.) palm
61 **tuméfié** swollen
63 **tendre** to extend, hold out

d'un roide vent, nous contus, j'ai vu
décroître la gueule négrière!

Je vois l'Afrique multiple et une
verticale dans la tumultueuse péripétie   35
avec ses bourrelets, ses nodules,
un peu à part, mais à portée
du siècle, comme un cœur de réserve.

Et je redis: Hoo mère!
        et je lève ma force   40
           inclinant ma face.
              Oh ma terre!
que je me l'émiette doucement entre pouce et index
que je m'en frotte la poitrine, le bras,
le bras gauche,   45
que je m'en caresse le bras droit.

Hoo ma terre est bonne,
     ta voix aussi est bonne
     avec cet apaisement que donne
     un lever de soleil!   50

Terre, forge et silo.[44] Terre enseignant nos routes,
c'est ici, qu'une vérité s'avise,
taisant l'oripeau du vieil éclat cruel.

Vois:
     l'Afrique n'est plus   55
     au diamant du malheur
         un noir cœur qui se strie;

notre Afrique est une main hors du ceste,[45]
c'est une main droite, la paume devant
et les doigts bien serrés;   60

c'est une main tuméfiée,
une-blessée-main-ouverte,
tendue,
     brunes, jaunes, blanches,
à toutes mains, à toutes les mains blessées   65
du monde.

[44]*silo*   Fosse creusée dans la terre pour y conserver les graines, les racines, etc.
[45]*ceste*   Gantelet garni de fer ou de plomb (*lead*) dont se servaient les athlètes dans les combats de pugilat (*boxing*).

QUESTIONS

« Totem »

1. Dans la première partie (vers 1 à 7), remarquez les expressions par lesquelles le poète traduit l'aliénation de sa race transplantée loin de la vie africaine (« sistre des circoncis ») dans un monde industrialisé (« buildings », etc.).
2. Dans la longue liste de comparaisons, relevez les termes qui font apparaître un visage féminin derrière la trame du poème.
3. A la suite de cette évocation de la femme (ou de l'île?) comment le poète exprime-t-il un sursaut de violence chargée d'un message positif?
4. Le rapprochement avec « Le Totem » de L. S. Senghor fera ressortir le déchirement intime de Césaire comparé à l'africanité vécue de Senghor.

« A l'Afrique »

1. Le premier vers sert de leitmotif au poème. Quel symbole renferme-t-il?
2. Comment le poète rend-il sensible, sans la décrire, « la fameuse peste »?
3. Dans les vers 17 à 21, remarquez la confusion voulue entre différents ordres de sensations.
4. Dans une métaphore complexe (vers 23 à 26), le poète exprime sa volonté d'espérer. Quels mots indiquent qu'il participe dans son esprit et dans son corps à cette volonté?
5. Entre le passé et l'avenir, le poète invoque la Colère, un instant assimilée au paysan (vers 29). Comment cette assimilation est-elle préparée dans ce qui précède? Relevez dans la suite du poème les éléments qui rappellent une attitude violente.
6. Mais qu'est-ce que le poète attend surtout de cette Colère (vers 30 à 45)?
7. Dans la dernière strophe, le poète dit nettement les liens qui le rattachent à l'Afrique (vers 52). Par quelles métaphores exprime-t-il, dans le même passage, qu'il s'identifie à son île?
8. Sur quelle image se termine le poème? Qu'est-ce que le poète attend donc de l'Afrique pour lui-même et pour son « île rebelle à naître »?

« Ode à la Guinée »

1. Quel rapport entre le poète et la Guinée est mis en évidence par la longue phrase inversée qui constitue le poème?
2. Par l'étude des métaphores (vers 7 à 14), montrez que le poète assimile la femme désirée à la Guinée elle-même.
3. Quelle est la nature des images qui décrivent la Guinée?

4. Par quelles autres images le poète exprime-t-il son agressivité?
5. Comment, dans les derniers vers, exprime-t-il la présence en lui de la Guinée?

« Pour saluer le Tiers Monde »

1. Relevez les différentes images par lesquelles le poète dit comment il *voit* l'Afrique. Quels sont les caractères de cette vision?
2. Quelle impression se dégage des allusions que le poète fait de son île (vers 1–3 et 13–15)? Comment, par le rythme et les sonorités, les vers s'opposent-ils aux vers consacrés à l'Afrique?
3. Comment la métaphore des vers 30 à 33, en peignant un passé révolu, est-elle optimiste?
4. Comment le poète exprime-t-il son attachement filial et charnel à l'Afrique?
5. Expliquez les images qui, dans les vers 51 à 53, indiquent le rôle actuel de l'Afrique, selon le poète.
6. Dans la dernière partie du poème (vers 54 à la fin), pourquoi le poète rappelle-t-il le passé de l'Afrique? Que symbolise l'image qui termine le poème?

SUJETS DE DISCUSSION

1. Dans les poèmes de Léopold Sédar Senghor et en particulier dans « Femme noire », en quoi le poète lyrique et le militant de la négritude se rejoignent-ils?
2. Senghor a parlé lui-même de l'importance du « Royaume d'enfance ». Comment l'évoque-t-il dans les poèmes que vous avez lus?
3. Quels sont les autres thèmes qui reparaissent le plus fréquemment dans ses poèmes?
4. Lequel des poèmes présentés ici illustre le mieux, à votre avis, le nom de « métis culturel » que Senghor se donne lui-même? Pourquoi?
5. Comparez le ton apaisé du poème « Une main de lumière » au déchirement qui apparaît dans d'autres poèmes. Comment pourrait-on expliquer cette différence?
6. Étudiez les images et le rythme particuliers de chaque poème de Senghor, et montrez leur rôle comme moyen d'expression de l'émotion du poète.
7. Étudiez l'ironie comme élément stylistique chez Léon Damas.
8. Selon les poèmes présentés, étudiez la colère de Damas. Aurait-on raison d'attribuer à sa poésie l'adjectif « militant »?
9. Damas est-il optimiste ou pessimiste? Discutez.
10. Comment les poèmes de Damas représentent-ils un acte d'accusation contre la « civilisation »?

11. Un des thèmes principaux de la poésie de Damas est l'antithèse entre la répression et la liberté, sur plusieurs niveaux. Relevez et discutez les exemples offerts par les poèmes donnés.

12. Comment le style de Damas — vocabulaire, technique poétique, etc. — renforce-t-il les idées de ses poèmes?

13. Relevez les éléments apparemment autobiographiques dans la poésie de Damas.

14. Tous les poèmes d'Aimé Césaire présentés ici ont été inspirés par l'Afrique. Comment le poète exprime-t-il les liens profonds qui le rattachent à l'histoire et au sol africains?

15. Relevez dans ces poèmes les allusions directes et indirectes à l'île avec laquelle s'identifie le poète.

16. Comparez au point de vue du ton et des idées les deux poèmes « A l'Afrique » et « Pour saluer le Tiers Monde », écrits l'un avant, l'autre après l'indépendance des états d'Afrique occidentale.

17. En comparant les images qu'emploie Senghor et celles qu'emploie Césaire pour parler de l'Afrique, comment peut-on voir que Senghor évoque des souvenirs vécus tandis que Césaire exprime des visions intérieures?

18. A un critique littéraire qui se déclarait lassé par « le jaillissement incessant et incontrôlé des images » dans la poésie de Césaire, L. S. Senghor répondait: « La même *idée-sentiment* s'y exprime par toute une série d'images, et chaque image y vit de sa propre vie, rayonnant de toutes ses facettes de sens comme un diamant » (L. S. Senghor, *Liberté I* [Paris: Éditions du Seuil, 1964], pp. 222–223). A la lumière de cette explication, vous essaierez de comprendre certaines des « idées-sentiments » exprimées par Aimé Césaire dans ses poèmes.

Autour du grand triumvirat

Bernard Dadié has already been presented as a storyteller (see p. 6). It is as a poet that we meet him again here. From *Afrique debout* (1950) to *Hommes de tous les continents* (1967), Dadié's verse, rooted in the hardships his country suffered before independence, speaks of his dream of universal brotherhood and of his hope for friendship among all peoples.

"Les Lignes de nos mains" and "Je vous remercie mon Dieu" are taken from *La Ronde des jours* (1956). The other poems given here are from *Hommes de tous les continents*.

Guy Tirolien, a native of Pointe-à-Pitre, Guadeloupe, was born in 1917. After completing his secondary education, he left the island for Paris, where he enrolled in the École Coloniale. While imprisoned by the Germans in 1940, he happened to meet Léopold Sédar Senghor, whose ideas on *négritude* later strongly influenced his work. Following the war, Tirolien was an administrator in the French government in Africa, and is presently the United Nations representative in Mali.

Guy Tirolien's poems were published in book form in 1961 under the title *Balles d'or*.

Malick Fall was born in 1920 in Saint-Louis, the former capital of Senegal. After a time spent teaching, he embarked on a diplomatic career. Often a member of the Senegalese delegation to the United Nations, he has also served as ambassador to Morocco and Ethiopia, and is presently Senegal's ambassador in Tunisia.

Malick Fall is the author of an unpublished play, *Temps présent*, performed in Senegal in 1948; a novel, *La Plaie* (1967); and a volume of verse, *Reliefs* (1964). In a preface to *Reliefs*, Léopold Sédar Senghor describes his great enthusiasm at finding in Malick Fall "un nouveau poète qui soit aussi un poète nouveau." The poems presented here are from that volume.

4   **gerçure** (f.) crack, chink (*gercer* to crack, chap)
8   **boyau** (m.) *here:* passageway
    tranchée (f.) trench (*trancher* to slice)
10 **raie** (f.) *here:* part (in the hair)
    chevelure (f.) head of hair (cf. *le cheveu*)
11 **piste** (f.) track, trail
    broussaille (f.) undergrowth, brush (*la brousse* tropical brushland) (*Broussaille* is
    rarely used in the singular.)
13 **ruelle** (f.) passage, alley (cf. *la rue*)
15 **rigole** (f.) channel, gutter
18 **tranche** (f.) slice (cf. *la tranchée*)

Bernard Dadié

Les Lignes de nos mains

Les lignes de nos mains
ne sont point des parallèles
des chemins en montagnes
des gerçures sur troncs d'arbres
des traces de luttes homériques.   5

Les lignes de nos mains
ne sont point des longitudes
des boyaux en tranchées
des sillons dans les plaines
des raies en chevelures   10
des pistes dans la broussaille.

Elles ne sont point
   des ruelles pour les peines
   des canaux pour les larmes
   des rigoles pour les haines   15
   des cordes pour pendus
   ni des portions
   ni des tranches
   ni des morceaux
      de ceci... de cela...   20

Les lignes de nos mains
    ni Jaunes
     Noires
     Blanches
ne sont point des frontières   25

26 **fossé** (m.) ditch, trench
27 **filin** (m.) rope (*le fil* thread, string) *Filin* is usually used in reference to the rigging
      of a ship.
    faisceau (m.) sheaf
    rancœur (m.) bitterness, rancor

3   **somme** (f.) total, sum
6   **livrée** (f.) costume, livery

des fossés entre nos villages
des filins pour lier des faisceaux de rancœurs.

Les lignes de nos mains
sont des lignes de Vie
        de Destin   30
        de Cœur
        d'Amour

de douces chaînes
qui nous lient
les uns aux autres   35
les vivants aux morts.

Les lignes de nos mains
        ni blanches
        ni noires
        ni jaunes   40

Les lignes de nos mains
unissent les bouquets de nos rêves.

Je vous remercie mon Dieu

Je vous remercie mon Dieu, de m'avoir créé Noir,
d'avoir fait de moi
la somme de toutes les douleurs,
mis sur ma tête,
le Monde.   5
J'ai la livrée du Centaure
Et je porte le Monde depuis le premier matin.[1]

Le blanc est une couleur de circonstance
Le noir, la couleur de tous les jours
Et je porte le Monde depuis le premier soir.   10

[1] Le poète, semble-t-il, veut comparer l'Homme Noir à Héraclès. Le héros grec, à la suite d'un de ses divers exploits, s'est fait donner la tunique du centaure Nessos. Lors d'une autre aventure il a été obligé de remplacer Atlas, porteur du monde.

16   **humer** to suck in, swallow
19   **étape** (f.) stopping point (in a race), distance between such points
23   **Trente-six épées . . . Trente-six brasiers . . .** The number thirty-six is tradi-
      tionally used in French to express a considerable but indeterminate amount.
24   **brasier** (m.) charcoal fire
25   **calvaire** (m.) calvary, torture
26   **levant** (m.) sunrise (cf. *lever*)
27   **quand même** all the same, nevertheless
31   **épaisseur** (f.) thickness (cf. *épais*)
33   **aube** (f.) dawn

      aurore (f.) dawn
2   **tams tams** The poet, in forming this unusual plural of *tam-tam*, seems to be
      stressing the drum's individual beats.

Je suis content
de la forme de ma tête
faite pour porter le Monde,
Satisfait
de la forme de mon nez   15
Qui doit humer tout le vent du Monde,
Heureux
de la forme de mes jambes
Prêtes à courir toutes les étapes du Monde.

Je vous remercie mon Dieu, de m'avoir créé Noir,   20
d'avoir fait de moi
la somme de toutes les douleurs.

Trente-six épées ont transpercé mon cœur.
Trente-six brasiers ont brûlé mon corps.
Et mon sang sur tous les calvaires a rougi la neige,   25
Et mon sang à tous les levants a rougi la nature.

Je suis quand même
Content de porter le Monde,
Content de mes bras courts
        de mes bras longs   30
            de l'épaisseur de mes lèvres.

Je vous remercie mon Dieu, de m'avoir créé Noir,
Je porte le Monde depuis l'aube des temps
Et mon rire sur le Monde
        dans la nuit   35
            crée le jour.

Nouvelle Aurore

Sortez de l'ombre,
    Tams tams
    Coras² et balafons³

²cora (ou kora) Instrument de musique ayant de seize à trente-deux cordes, dont on joue
à la manière d'une harpe. La cora est souvent employée pour accompagner des chants
héroïques.
³balafon (ou balafong) Instrument à percussion, ressemblant au xylophone.

6   **faites-moi danser tous ces frères** just make all those brothers dance (The indirect
    object *moi*, generally untranslatable in this construction, imparts a slightly
    colloquial tone to the command.)
7   **rugir** to roar
9   **s'apaiser** to calm oneself (cf. *la paix*)
10 **plus (jamais) . . . ne** (lines 10–14) no more, never again
    franchir to jump over
    barre (f.) *here:* rail
11 **guenille** (f.) rag, tatter
12 **sauter** to leap, skip (cf. *le saut*)
14 **cortège** (m.) ceremonial procession
23 **cirque** (m.) circus
25 **pèlerin** (m.) pilgrim
26 **escale** (f.) stop (Usually used in reference to ships, as in the expression *faire
    escale*, to put in, call at a port.)
27 **lambeau** (m.) shred, tatter
    vêture (f.) *here:* clothing (cf. *vêtir*) (*Vêture*, generally used in a religious context, is
    seldom used, as here, in the sense of *vêtement*.)
28 **trajet** (m.) journey
29 **gangue** (f.) matrix (*i.e.*, mass of earth and impurities surrounding a mineral
    deposit)
31 **enlacer** to embrace
35 **quand même** all the same, nevertheless
37 **salut** (m.) *here:* greeting (cf. *saluer*)

Reprenez vos voix antiques
Revêtez-vous de peau nouvelle   5
Et faites-moi danser tous ces frères.

Cessez de rugir, vieux tams tams de guerre,
C'est le temps du rêve de l'enfant.
Apaisez-vous, océan, gardien de nos trésors
Car plus un homme enchaîné ne franchira la barre.   10
Plus jamais guenilles sur corps humain
Ne sauteront dans le cercle des couples,
Plus jamais guenilles sur corps de femmes
Ne suivront un cortège.

Sortez de l'ombre   15
    Tams tams
    Coras et balafons
Et faites-moi danser tous ces frères.

Étoile des Mages,[4]
Compagnons de route   20
Qui regardez danser ces hommes frères,
Un peuple vient de se retrouver
Dans le grand cirque du monde.

Son espoir en mains,
En pèlerin venant du fond des âges   25
Après avoir fait mille escales dans les cités, les oasis, les déserts,
Avoir laissé un lambeau de vêture, de peau, de songe
A chaque tournant du trajet sous la pluie ou le soleil,
Lavé, enfin, de sa gangue de servitude
    les bras libres pour travailler   30
            pour enlacer
            pour donner la main à des mains libres,
Le cœur libre pour, enfin, aimer en homme libre
Les pieds sanglants,
Il dansera quand même ce soir   35
Et toujours souriant
Il vous adresse son salut.

Étoile des Mages
Annonciatrice de nouvelles aurores

---

[4]*Étoile des Mages* Allusion à l'Étoile de Bethléem, qui guida les trois Rois Mages auprès de l'enfant Jésus.

41 **un peuple de parchemins** i.e., a falsely proud people (The plural of the noun
    le parchemin [parchment] is often used in a figurative sense to mean "noble
    lineage," as in the expression *fier de ses parchemins.*)
43 **judas** (m.) *here:* peephole
    créneau (m.) narrow slit in the wall of a fortification
    chicane (f.) *here:* zigzag trench
44 **moisissure** (f.) mold, mustiness (cf. *moisir*)
52 **scintillement** (m.) twinkling (cf. *scintiller*)
54 ***hisser** to hoist
    voile (f.) sail (cf. *le voilier, le voile*)
56 **(au) coude à coude** side by side (*le coude* elbow)
58 **serment** (m.) oath

2   **secouer** to shake up (cf. *la secousse*)
4   **jaillir** to spurt
5   **poussière** (f.) dust
6   **feu** (m.) **d'artifice** fireworks
8   **endolori** aching, painful (cf. *la douleur*)
9   **étape** (f.) *here:* distance to be covered

La page vient d'être tournée sur un temps. 40
Gardez-nous d'être un peuple de parchemins,
D'être un peuple pour qui la couleur est référence,
Un peuple de barrières, de judas, de créneaux, de chicanes,
Gardez-nous de toutes moisissures;
Faites de nous un peuple de rêves, de chants, de danses, 45
Qui lise sans cesse dans les yeux des hommes,
Devienne le nouveau sel.
Un peuple sans cesse peuple.

Cessez de rugir vieux tams tams de guerre
Et vous coras et balafons 50
Faites-moi danser tout ce monde
Sous le scintillement de nos étoiles.

Frères
Nous venons de hisser la voile.
Sous la bannière de l'Union 55
Au coude à coude
Entrant dans le concert des hommes libres
Faisons le serment de bâtir la Cité Nouvelle
Dont rêvaient nos pères.

Nous avons dansé

Nous avons dansé, dansé,
Secoué nos misères pour faire briller nos rêves,
frappé le sol de toutes nos forces
pour en faire jaillir les flots de chansons.
Le vent, en nos mains repartait en poussière. 5

Nos joies en feux d'artifice
ont illuminé notre ciel.
Et les pieds endoloris, soufflant au repos
S'interrogent sur l'étape de demain.

13 **éclat** (m.) *here:* brilliance, glitter (*éclater* to burst, explode)
16 **bouclier** (m.) shield
    airain (m.) bronze, brass
20 **boursoufler** to puff up, swell
    balle (f.) *here:* bullet
21 **piétiner** to trample, tread (cf. *le pied*)
    briser to smash, shatter
28 **dresser** *here:* to set up, plant
    sentier (m.) path
29 **en borne milliaire** as a milestone (*la borne* boundary marker)
32 ***hurler** to howl
    épouvante (f.) fright, terror (cf. *épouvanter*)
33 **foudre** (m.) **de guerre** military genius (This figurative meaning of the noun *foudre* [thunderbolt] is generally used ironically.)
34 **enseigne** (f.) sign
35 **dorure** (f.) gilt (cf. *dorer, l'or*)

Nous avons dansé, dansé, dansé « jusqu'à fatigué ».[5]   10

Ils étaient venus aussi, les morts
    nos morts[6]
pour donner de l'éclat à la fête;
Ils dansaient au rythme des tams tams
Tous ceux qui faisaient de leur droit de vivre   15
un bouclier d'airain
des chansons dans la tête
et des rêves dans les yeux.

Ils étaient venus
la peau boursouflée de balles   20
Et ils piétinaient le sol pour briser des chaînes
Et ils battaient des mains pour chasser des fantômes.
Nous avons dansé, dansé, dansé « jusqu'à fatigué ».

J'ai les yeux pleins d'images,
    les oreilles pleines de chansons   25
    les mains pleines de rêves.

J'en ai fait un bouquet lumineux
Que je dresserai un jour au long du sentier
en borne milliaire.

Ce sont les images, les chansons et les rêves   30
de tous ceux qui moururent de faim
de ceux qui hurlèrent d'épouvante dans les incendies
allumés par les foudres de guerre,
de ceux qui pensent que les enseignes
ne peuvent plus être de dorure   35
lorsque les hommes se vêtent de misère.

---

[5] *« jusqu'à fatigué »*   Le poète semble vouloir insister sur la qualité populaire de cette tournure peu grammaticale.
[6] *nos morts*   Allusion à la croyance africaine dont on aura vu plusieurs exemples, que les esprits des morts peuvent revenir sur terre, participer à la vie des vivants (voir « Les Mamelles », p. 13, note 10).

 5   **étouffer** to suffocate, stifle
 8   **soustraire** to subtract, withdraw
 9   **battre la mesure** to beat time
10   **étêter** to trim off the top (cf. *la tête*)
12   **maçon** (m.) mason, bricklayer
13   **terrassier** (m.) excavator, digger
14   **bûcheron** (m.) woodcutter (*la bûche* log)
15   **canne** (f.) *here:* sugarcane
18   **tireur** (m.) *here:* hauler (cf. *tirer*)
     bille (f.) *here:* log
19   **scieur** (m.) sawyer, one who saws (cf. *scier, la scie*)
30   **nœud** (m.) knot (cf. *nouer*)
31   **bourgeon** (m.) bud, sprout (cf. *bourgeonner*)
35   **gonfler** to swell
37   **dévoiler** to unveil (cf. *voiler, le voile*)

Mains

à Claude Quillateau

Mains libres
Mains vivantes
    faites
pour réveiller
et non pour étouffer   5
    pour donner
    enrichir
et non pour soustraire,
    pour battre la mesure
    étêter la haine,   10
    grosses et difformes
Mains de maçon
    de terrassier,
    de bûcheron
    de planteur de canne   15
        de coton,
        de café,
Mains de tireur de billes
    de scieur de bois,
Mains de plein air   20
  Mains noires
  Mains nues
    de peuple dénudé.

Mains qui parlent
    ponctuent   25
      offrent
      se lèvent
        se rencontrent
        se tiennent
  se lient pour le nœud de vie   30
    le bourgeon de Joie,
    l'Unité.

Mains d'enfant fleuries d'innocence
  de vieux pleines de sagesse
  de femmes gonflées de caresse.   35
Mains qui lavent et indiquent
  dévoilent et fleurissent
    Mains!

41   **pétrir** to knead
42   **calleux** callous
43   **limer** to file down, smooth (cf. *la lime*)
44   **quêter** to look for, go in search of (*la quête* quest)
45   **doubler** *here:* to round (The verb *doubler* has this special meaning in the nautical expression *doubler le cap,* to round the cape.)
46   **arracher** to rip off
47   **couronner** to crown (cf. *la couronne*)
49   **forgeron** (m.) blacksmith (cf. *forger, la forge*)
50   **écriteau** (m.) sign
51   **interdire** to forbid (cf. *l'interdiction*)
54   **défricher** to prepare (a field) for planting (*la friche* fallow land)
55   **bousculer** *here:* to overturn
56   **sentier** (m.) path
     gratte-ciel (m.) skyscraper
57   **borne** (f.) boundary marker (In the plural, this noun is used, as here, in the general sense of "frontier," "boundary.")
     frise (f.) *here:* spiked- or barbed-wire barrier (short for *cheval de frise*)
     dresser *here:* to set up, plant
67   **rosée** (f.) dew
68   **crépuscule** (m.) twilight
70   **étincelle** (f.) spark, flash (cf. *étinceler*)

Mains
noires   **40**
faites pour pétrir l'Amour,
    calleuses
pour limer les rancœurs,
Je quête ma part des richesses du monde.

Doublé le Cap des Tempêtes,[7]   **45**
J'arrache le masque aux faux dieux
Et je vous couronne tous de rêves et de rires.

    Mains noires
Mains de forgeron de bonheur
Je repose le vieil écriteau   **50**
« Interdite la chasse à l'homme ».

    Mains nues
        de peuple dénudé
            défriché

Je bouscule sur les Congo et les Mississippi   **55**
dans les sentiers des gratte-ciel
les bornes et les frises dressées sur le chemin du Cœur.
    Mains noires,
    Mains de bâtisseur
    Mains d'homme,   **60**

Je les plonge
    dans la Terre
    dans le Ciel
    dans la lumière du Jour
    dans les diamants de la Nuit   **65**

Je les plonge
    dans la rosée du Matin
    dans la douceur du Crépuscule
    dans le Passé, le Présent, l'Avenir,
    dans tout ce qui est Lueur et Étincelle   **70**
        ce qui vit et chante
    dans tout ce qui danse

[7]*Cap des Tempêtes*   Allusion symbolique au Cap de Bonne-Espérance, auquel l'explorateur Bartolomeu Dias avait donné ce nom (en portugais, *Cabo das Tormentas*), lors de sa découverte en 1487.

77 **rayonnant** radiant (cf. *le rayon*)

Mains noires
Mains de frère

Je les en sors   75
fortes et heureuses,
pleines et rayonnantes
Pour mêler les couleurs

Et par-dessus océans et montagnes,

          Te saluer,   80

               Ami!

QUESTIONS

« Les Lignes de nos mains »

1. A travers les vingt-sept premiers vers de ce poème, le poète offre une grande variété de définitions négatives des lignes de nos mains. Tracez leur développement, en montrant la différence importante entre les premières (vers 1–11) et celles qui suivent (vers 12–27). Quelles sont leurs qualités communes?
2. Comment les « filins » du vers 27 se trouvent-ils transformés en image plus positive par la suite?
3. Expliquez l'allusion que fait le poète aux « lignes de Vie / de Destin / de Cœur / d'Amour » (vers 29–32). A quel système de divination pense-t-il en toute probabilité?
4. Ce poème révèle-t-il une préoccupation uniquement noire chez son auteur?
5. A votre avis, quelle force spéciale y a-t-il dans la métaphore de la main, que le poète a choisie pour exprimer son idéalisme?

« Je vous remercie mon Dieu »

1. Comment faut-il comprendre l'emploi de la première personne à travers tout ce poème? Le poète parle-t-il uniquement pour lui-même?
2. Comment la première strophe révèle-t-elle une attitude positive en face du monde, malgré les douleurs dont parle le poète?
3. Expliquez la distinction que le poète établit entre le blanc et le noir, comme couleurs.
4. Comment la troisième strophe précise-t-elle l'attitude présentée par la première?

5. Expliquez la valeur de l'expression « quand même » (vers 27) par rapport à la strophe précédente. Quelles qualités le poète veut-il suggérer comme typiquement noires?
6. Comment la dernière strophe donne-t-elle un caractère éternel au message du poème?
7. A travers tout le poème, le poète fait l'éloge de contributions et de qualités plutôt passives chez le peuple noir. Quel message différent est offert par les trois derniers vers?

« Nouvelle Aurore »

1. Quelle distinction le poète veut-il souligner entre les « vieux tams tams de guerre » (vers 7) et ceux qu'il encourage à reprendre leurs « voix antiques » (vers 4)? Quelle sera la mission de ceux-ci?
2. Expliquez l'allusion à l'« océan, gardien de nos trésors » (vers 9). De quelle sorte de « trésors » s'agit-il? A quelle triste époque de l'histoire noire le poète songe-t-il?
3. Comment le vers suivant précise-t-il cette allusion?
4. Quel est ici le symbolisme de l'« Étoile des Mages » (vers 19)?
5. Comment le poète décrit-il, métaphoriquement, la libération de son peuple (vers 28–37)?
6. A son avis, comment le peuple profitera-t-il de cette liberté?
7. Sur quelle qualité le poète veut-il surtout insister dans les vers 34–37?
8. Expliquez la prière que le poète adresse à l'« Étoile des Mages ». Que veut-il pour son peuple? Quelle comparaison inexprimée se laisse deviner dans sa prière?
9. Comment les derniers vers servent-ils à lier l'avenir du peuple à son passé?

« Nous avons dansé »

1. Ce poème semble se laisser diviser en trois sections: vers 1–10, 11–23, 24–36. Étudiez cette construction, en dégageant l'essentiel de chaque partie, et en montrant leur progression.
2. Comment certains vers de la première section annoncent-ils, à l'avance, l'idée de la section finale?
3. « Ils étaient venus aussi, les morts / nos morts » (vers 11–12). Pourquoi le poète ajoute-t-il la précision « nos morts »?
4. Quelle sorte de « fantômes » les morts cherchaient-ils à chasser (vers 22)? Quelle ironie voulue peut-on voir dans l'emploi de ce nom dans le contexte donné?
5. Expliquez la comparaison entre « les enseignes » et « les hommes », qui termine le poème.
6. Ce poème abonde en expressions figurées. Relevez et expliquez les plus frappantes. Présentent-elles une unité métaphorique à travers le poème?

« Mains »

1. Comment le poète établit-il, dans les dix premiers vers, la qualité affirmative du poème?
2. Pourquoi insiste-t-il sur le fait que les mains dont il parle sont « grosses et difformes » (vers 11)? Comment les quelques vers qui suivent développent-ils cette idée?
3. Quelle est la valeur de l'expression « Mains nues / de peuple dénudé » (vers 22–23)? Peut-on y lire une ironie voulue dans le contexte donné?
4. Commentez les divers emplois des mains suggérés par les vers 24–38. Qu'est-ce qu'ils ont tous de commun?
5. A partir du vers 39, le poète cesse de parler des mains noires en général. De quelles mains commence-t-il à parler, en effet?
6. Expliquez l'allusion au « Cap des Tempêtes » (vers 45). Comment suit-elle logiquement le vers qui précède? Comment suggère-t-elle une attitude de résolution de la part du poète?
7. Quels sont les « faux dieux » dont il parle (vers 46)? A qui s'adresse-t-il au vers suivant?
8. « Mains nues / de peuple dénudé / défriché » (vers 52–54). Quelle force l'adjectif « défriché » ajoute-t-il à la description?
9. Comment l'expression « Mains d'homme » (vers 60) résume-t-elle les cinq vers précédents? Comment annonce-t-elle le reste du poème?
10. Quelle est la dernière image de la main que le poète veut nous laisser?
11. A quel « ami » le poète parle-t-il à la fin du poème?
12. Comparez ce poème-ci à « Les Lignes de nos mains » du même poète. Lequel, à votre avis, offre un message plus universel?

2   **âpre** bitter (cf. *l'âpreté*)
6   **trouble** *(adj.)* murky, cloudy
7   **choquer** *here:* to clink against each other
10 **carafon** (m.) small pitcher (cf. *la carafe*)
14 **aurore** (f.) dawn
16 **va mourant** is dying away (The verb *aller* is often used with the present participle
    in this idiomatic construction.)

Guy Tirolien

Invitation à boire

prends donc un peu de ce vin
âpre
et que j'avais promis à des soifs plus rudes

tu dis?
non ce n'est pas l'ivresse que tu crains je sais   5
je sais la trouble connivence
qui naît des verres que l'on choque
cette lumière et ce sang
dansant au fond
d'un carafon   10
et l'heure fragile
et ce pacte plus fragile de nos mains

la tienne un peu moins pâle—
c'est le sourire de l'aurore?
la mienne moins obscure—   15
est-ce la nuit qui va mourant?

Prière d'un petit enfant nègre

Seigneur
je suis très fatigué
je suis né fatigué
et j'ai beaucoup marché depuis le chant du coq

12   **sentier** (m.) path
13   **longer** to skirt, run along
     mare (f.) pool
     assoiffé parched (*la soif* thirst)
14   **manguier** (m.) mango tree (cf. *la mangue*)
16   **mugir** to growl
17   **usine** (f.) factory
18   **ancrer** to anchor (cf. *l'ancre*)
     canne (f.) *here:* sugarcane
25   **comme il faut** proper (This verbal expression is often used as an adjective.)
30   **flâner** to wander around
     sucrerie (f.) sugar mill (cf. *le sucre*)
31   **repu** full, brimming (past part. of *repaître:* to feed, satiate)
32   **gonfler** to swell
37   **cocotier** (m.) coconut tree (cf. *le coco*)

et le morne[8] est bien haut   5
qui mène à leur école.

Seigneur je ne veux plus aller à leur école;
faites je vous en prie que je n'y aille plus.

Je veux suivre mon père dans les ravines fraîches
quand la nuit flotte encore dans le mystère des bois   10
où glissent les esprits que l'aube vient chasser.

Je veux aller pieds nus par les sentiers brûlés
qui longent vers midi les mares assoiffées.

Je veux dormir ma sieste au pied des lourds manguiers.

Je veux me réveiller   15
lorsque là-bas mugit la sirène des blancs
et que l'usine
ancrée sur l'océan des cannes
vomit dans la campagne son équipage nègre.

Seigneur je ne veux plus aller à leur école;   20
faites je vous en prie que je n'y aille plus.

Ils racontent qu'il faut qu'un petit nègre y aille
pour qu'il devienne pareil
              aux messieurs de la ville
                        aux messieurs comme il faut;   25

mais moi je ne veux pas
          devenir comme ils disent
                    un monsieur de la ville
                              un monsieur comme il faut.

Je préfère flâner le long des sucreries   30
où sont les sacs repus
que gonfle un sucre brun
autant que ma peau brune.

Je préfère
vers l'heure où la lune amoureuse   35
parle bas à l'oreille
des cocotiers penchés

[8]Voir « Si souvent », p. 185, note 24.

40 **cassé** *here:* trembling, weak
54 **clair** (m.) **de lune** moonlight
55 **chair** (f.) flesh
56 **veillée** (f.) *here:* night gathering (cf. *veiller, la veille*)

    foulard (m.) kerchief
1 **défunt** dead

écouter ce que dit
dans la nuit
la voix cassée d'un vieux qui raconte en fumant   40
les histoires de Zamba
et de compère Lapin[9]
et bien d'autres choses encore
qui ne sont pas dans leurs livres.

Les nègres vous le savez n'ont que trop travaillé   45
pourquoi faut-il de plus
apprendre dans des livres
qui nous parlent de choses qui ne sont point d'ici.

Et puis
elle est vraiment trop triste leur école   50
triste comme
ces messieurs de la ville
          ces messieurs comme il faut
qui ne savent plus danser le soir au clair de lune
qui ne savent plus marcher sur la chair de leurs pieds   55
qui ne savent plus conter les contes aux veillées —

Seigneur je ne veux plus aller à leur école.

Adieu « Adieu Foulards »[10]

— nous ne chanterons plus les
tristes spirituals désespérés —
       Jacques Roumain[11]

Non nous ne chanterons plus les défuntes romances
que soupiraient jadis les doudous[12] de miel

[9]Compère Lapin et Zamba, antagonistes traditionnels, figurent dans une grande partie du folklore antillais, surtout guadeloupéen. Ils jouent les rôles du trompeur et du trompé respectivement, analogues à ceux de Leuk-le-Lièvre et de Bouki-l'Hyène dans les contes de l'Afrique occidentale (voir « Le Taureau de Bouki »), comme à ceux de Br'er Rabbit et de Br'er Fox dans les contes folkloriques du sud des États-Unis.
[10]« *Adieu Foulards* »   Chanson populaire antillaise, dans laquelle les jeunes filles indigènes disent adieu aux matelots français. La chanson est typique de la vision folklorique des îles, vision que le poète veut détruire.
[11]*Jacques Roumain*   Poète haïtien militant (1907–1944). La citation est tirée de son poème « Bois d'ébène ».
[12]*doudou*   Mot créole pour jeune fille.

4   **goélette** (f.) small two-masted schooner
7   **piment** (m.) pepper; piquancy
11   **odalisque** (f.) odalisk (i.e., female slave in a sultan's harem)
       tapis (m.) carpet
12   **haleine** (f.) breath
       alizé (m.) trade wind
14   **tympan** (m.) *here:* eardrum
15   **la proue ardente** the burning prow (*Ardent* is given here its literal meaning, from the archaic verb *ardre,* to burn.)
17   **boucan** (m.) *here:* beacon fire (The *boucan* was originally a place where the Caribbean Indians smoked meat.)
20   **bleuter** to tinge with blue
21   **cracher** to spit
       soufre (m.) sulphur

déployant leurs foulards sur nos plages de sucre
pour saluer l'envol des goélettes ailées.

Nous ne pincerons plus nos plaintives guitares   5
pour célébrer Ninon ou la belle Amélie,
le cristal pur des rires, le piment des baisers,
ni les reflets de lune sur l'or des peaux brunes.

Nous ne redirons plus ces poèmes faciles
exaltant la beauté des îles fortunées,   10
odalisques couchées sur des tapis d'azur
que caresse l'haleine des suaves alizés.

Nous unirons nos voix en un bouquet de cris
à briser le tympan de nos frères endormis;
et sur la proue ardente de nos îles,   15
les flammes de nos colères
rougeoieront dans la nuit en boucans d'espérance.

Nous obligerons la fleur sanglante du flamboyant[13]
à livrer aux cyclones son message de feu;
et dans la paix bleutée des aubes caraïbes   20
nos volcans réveillés cracheront des mots de soufre.

Mais forts de la nudité riche
des peuples sans racine
nous marcherons sereins parmi les cataclysmes.

QUESTIONS

« Invitation à boire »

1. Expliquez le sens symbolique ce cette « invitation à boire ». A qui le poète
   l'adresse-t-il?
2. Comment s'explique-t-il l'hésitation apparente de celui à qui il offre à
   boire?
3. Pourquoi les quatre derniers vers sont-ils essentiels à une compréhension
   du symbolisme racial du poème? Expliquez les métaphores sur lesquelles
   ces vers sont construits.

[13]*flamboyant* Arbre tropical à feuillage rougeâtre.

« Prière d'un petit enfant nègre »

1. Qu'est-ce que le petit enfant qui parle dans ce poème entend par la déclaration « je suis né fatigué » (vers 3)?
2. Au cours des vers 9–44, l'enfant révèle la manière dont il préférerait passer sa journée plutôt que d'aller à « leur école ». Tracez ses activités idéales d'un bout de la journée à l'autre.
3. Comparez la valeur éducative de ses activités préférées à l'enseignement qu'il recevrait à l'école.
4. Le mot « sirène » a deux significations en français, comme en anglais. Qu'est-ce que cette ambiguïté ajoute à l'allusion que l'enfant fait à l'usine (vers 16–17)? Comment le vers suivant renforce-t-il l'image?
5. Comment le vers 19 indique-t-il clairement ce que l'enfant pense des hommes noirs qui travaillent dans l'usine?
6. Quelle est son opinion des « messieurs de la ville », dont il parle plusieurs fois à partir du vers 24? Pourquoi? Quelle comparaison fait-il entre ces messieurs et l'école?
7. Étudiez le langage et le style de cette « prière ». L'auteur soutient-il la fiction que c'est un petit enfant qui parle?

« Adieu ‹ Adieu Foulards › »

1. Pourquoi la citation du poète Jacques Roumain est-elle essentielle à ce poème, surtout au premier vers?
2. Étudiez la construction du poème. Qu'est-ce qui distingue les trois dernières strophes des trois premières?
3. Ce poème est caractérisé par une profusion de métaphores. Étudiez-les en détail, en montrant le rapport entre le langage de chaque métaphore et l'idée et l'esprit qu'elle sert à exprimer.
4. Quel message positif résume tout le poème?

trève (f.) *here:* respite

1 **galonné** *here:* imposing, prestigious (*le galon* ornamental braid, military chevron)
   The poet may also be alluding to the Citroën, a popular French automobile, whose trademark resembles military stripes.

2 **rôder** to wander about (This transitive use of the verb *rôder* is very uncommon.)
   rajeunir to rejuvenate (cf. *jeune*)

3 **tâter** to try out, feel
   eau (f.) **vive** spring water

4 **donner congé** to dismiss (*le congé* leave, dismissal)

5 **cor** (m.) *here:* corn (on the foot)
   gémir to howl, groan

6 **brodequin** (m.) heavy boot
   se prélasser *here:* to lie idle

7 **bretelles** (f. pl.) suspenders, braces

8 **placard** (m.) *here:* closet

15 **à vau-l'eau** with the current

2 **bourdonner** to buzz (*le bourdon* bumblebee)

Malick Fall

Trêve

Je range ma voiture galonnée
Pour rôder l'asphalte rajeuni
Pour tâter le parfum de l'eau vive
Je donne congé au réfrigérateur
Pour mes cors gémissants   5
Mes brodequins se prélassent
Ma ceinture mes bretelles
Vieillissent aux plis du placard
Car il faut bien que ventre vive

Mon corps allons en vacances   10
De l'aube au crépuscule
Comme le pêcheur d'Adéane[14]
Du matin au soir
Comme le pasteur du Djoloff[15]
A vau-l'eau   15
Ainsi que mes rêves.

Écoliers

J'allais à l'école les pieds nus et la tête riche
Contes et légendes bourdonnant
Dans l'air sonore à hauteur d'oreilles

[14]Adéane   Village dans le sud-ouest du Sénégal, sur la Casamance.
[15]Djoloff   Ancien nom d'une région pastorale sénégalaise, au nord du Sine.

7   **sillage** (m.) wake of a ship (*le sillon* furrow)
    millénaire thousand-year
8   **à rebrousse-poil** the wrong way, against the nap
9   **ricaner** to snicker (cf. *le ricanement*)
11 **disponible** free
12 **subir** to undergo
15 **orée** (f.) edge, border

1   **terre cuite** earthenware (*cuit:* past part. of *cuire,* to bake)
2   **paume** (f.) palm (of the hand)
3   **érable** (m.) maple
    au généreux foyer The preposition *à* is often used in this descriptive sense.
    foyer (m.) *here:* bowl (The usual word for a pipe bowl is *le fourneau*.)
5   **seuil** (m.) threshold
8   **versant** (m.) slope
10 **bulle** (f.) bubble
    veillée (f.) *here:* night gathering (cf. *veiller, la veille*)

Mes livres et mes amulettes se battaient
Dans mon sac dans ma tête riche   5

J'allais à l'école sur le flot de mes rêves
Dans le sillage millénaire des totems
Je m'installais à rebrousse-poil
Et ricanais aux dires du maître

Tu vas à l'école ganté de bon vouloir   10
L'esprit disponible et le cœur léger
Prêt à subir toutes les humiliations

Tu vas à l'école en compagnie d'Homère
Des vers d'Éluard[16] ou des contes de Perrault[17]

N'oublie pas Kotje[18] à l'orée du sanctuaire.   15

Les Fumeurs

La pipe de terre cuite rouge et noire
Sommeille dans la paume de grand-mère
Ma pipe d'érable au généreux foyer
De tabac hollandais fume
Comme incendie en forêt au seuil d'Avril   5

Heureuse grand-mère dort
Enlacée par ses rêves d'autres saisons

Perplexe au versant de l'avenir
Je sens s'échapper de ma mémoire
Les bulles de songe des veillées d'hier   10

[16]*Paul Éluard* Pseudonyme d'Eugène Grindel (1895–1952), important poète surréaliste français.
[17]*Charles Perrault* (1628–1703) Auteur français, célèbre surtout par ses *Contes de ma mère l'oie* (*Mother Goose Stories*).
[18]*Kotje* Sans doute une allusion à Kotje (ou Cothi) Barma, « le philosophe ouolof qui vivait à une époque que personne ne peut déterminer, dans un pays qu'on ne désigne pas d'une manière précise, et qui, par conséquent, est probablement un être de raison comme la plupart des héros des légendes… » (L. J. B. Bérenger-Féraud, *Recueil de contes populaires de la Sénégambie* [Paris: 1885].)

13   **ensevelir** to bury
14   **âcre** bitter (cf. *l'âcreté*)

      trait (m.) **d'union** hyphen
9   **fastes** (m. pl.) *here:* memorable deeds (With this meaning, the word is always used in the plural.)
14   **renouer** to tie up again, rejoin (cf. *nouer, le nœud*)
16   **répit** (m.) pause, respite

Prends ma main grand-mère
Avant que tu ne partes
Avant que tu n'ensevelisses
L'âcre mémoire de ta pipe de terre.

Trait d'union

Griot[19] je t'ai confié ma mémoire
Griot contemporain
De l'Ancêtre
Restitue à ceux qui reviendront
Intactes   5
Les cordes de ta voix d'or

. . . .

Griot de ma mémoire
Dis redis les hauts faits
L'honneur les fastes
Les passions même   10

. . . .

Griot du Sénégal
Du Mali de Guinée
De tout le continent
Renoue par le Verbe
La fraternité de l'Afrique   15

. . . .

Répète répète sans répit
Bats bats sans baisser le ton
Le tam-tam des initiés.

[19]Voir « Joal », p. 171, note 14.

QUESTIONS

« Trêve »

1. A quoi l'adjectif « rajeuni » se rapporte-t-il (vers 2)?
2. Étudiez, dans la première partie du poème, l'emploi de la personnification. Comment le poète donne-t-il des qualités humaines à des choses inanimées?
3. Quel est le sens de l'invitation qu'il fait à son corps d'« aller en vacances » (vers 10)?
4. Pourquoi le poète évoque-t-il le pêcheur d'Adéane et le pasteur du Djoloff (vers 12, 14)? Que veut-il qu'ils symbolisent?
5. Expliquez le titre de ce poème.

« Écoliers »

1. Quels seraient les « écoliers » dont parle le titre du poème? S'agit-il nécessairement de deux personnages précis? Expliquez.
2. Quel contraste le poète souligne-t-il entre le caractère des deux écoliers en question?
3. Lequel des deux écoliers semble-t-il préférer? Comment rend-il évidente cette sympathie?
4. A votre avis, à quel « sanctuaire » le poète fait-il allusion (vers 15)? Peut-on entendre le mot ironiquement?

« Les Fumeurs »

1. Quel contraste physique le poète souligne-t-il entre les deux pipes?
2. Quelle correspondance contrastée y a-t-il entre chaque pipe et son fumeur? Comment cette correspondance est-elle renforcée par le fait qu'une des pipes « sommeille », tandis que l'autre « fume comme incendie » (vers 2, 5)?
3. Ce poème se laisse diviser naturellement en trois parties: vers 1–5, 6–10, 11–14. Étudiez le mouvement du poème à travers ces trois sections. Comment la troisième résoud-elle le problème suggéré par les deux précédentes?
4. Comparez le message de ce poème à ceux de « Trêve » et d'« Écoliers ».

« Trait d'union »

1. Comment les six premiers vers expliquent-ils le titre du poème?
2. Pourquoi le mot « Verbe » (vers 14) est-il écrit avec une majuscule?
3. Commentez les qualités évocatrices des trois derniers vers. Quel effet le poète vise-t-il?

SUJETS DE DISCUSSION

1. Étudiez l'expression de l'orgueil racial qu'on trouve dans les poèmes de Bernard Dadié. Quelles qualités, quelles contributions trouve-t-il admirables chez les membres de sa race?

2. Dadié a-t-il une vision essentiellement positive ou négative en ce qui concerne l'avenir de l'homme noir? Discutez.

3. Quel rôle le passé joue-t-il dans cette vision?

4. Quelle autre vision de l'avenir, encore plus vaste, parcourt sa poésie? Dans quels poèmes cette vision se révèle-t-elle le plus clairement?

5. Trouve-t-on, chez d'autres poètes noirs étudiés jusqu'ici, une vision semblable?

6. Étudiez l'emploi des métaphores chez Dadié — leur unité dans certains poèmes, leur variété dans d'autres, leur vigueur, leur à-propos, etc.

7. Les trois poèmes de Guy Tirolien donnés ici traitent, chacun à sa manière, de la question de race. Étudiez la variété des trois traitements — variété de langage, de ton, d'esprit, etc.

8. Les métaphores jouent un rôle essentiel dans la poésie de Tirolien. Étudiez-les en détail, à travers les trois poèmes, en essayant de dégager l'essentiel de son art imagé.

9. Comparez la vision folklorique chez Tirolien à celle qu'on a trouvée chez Léon Laleau.

10. Expliquez le titre du poème « Trêve » de Malick Fall et comparez son message à celui du poème de Léon Damas qui porte un titre identique. A quel autre poème de Damas ressemble-t-il par le sujet?

11. Comparez le poème « Écoliers » de Malick Fall à « Prière d'un petit enfant nègre » de Guy Tirolien.

12. Un des thèmes caractéristiques de la poésie de Fall est le contraste entre deux cultures, et entre deux générations d'une même culture. Étudiez ce thème dans les poèmes donnés. Dans quels autres poètes étudiés trouve-t-on une préoccupation semblable?

Une Génération de jeunes

Any choice from among the new poets is necessarily difficult. Because their work is not always available in book form, they are often discovered at random, in various reviews.

This is not, however, the case of **David Diop,** who in 1956 brought together under the title *Coups de pilon* a poetic production begun in his youth, and which was interrupted by an untimely death. Diop was born in Bordeaux in 1927, of a Senegalese father and a Cameroonian mother. Part of his childhood was spent in his parents' native countries. When Diop was eight his father died, and the family settled once more in France. The nephew of Alioune Diop, founder of *Présence africaine*, David Diop took part in the cultural movement which had given birth to that review. In it he published articles and poems that proclaimed his attachment to Africa and his political commitment. On a return trip from Guinea, where he had spent two years teaching school, Diop was killed in a plane crash. He was thirty-three. Two articles devoted to him in a recent issue of *Présence africaine* (no. 75, 1970) show that Diop's militant message has lost none of its urgency. The three poems printed here are from *Coups de pilon*.

René Philombe (pseudonym of Philippe-Louis Ombedé) was born in 1930 and has never left his native Cameroon. He has used a number of literary modes: journalism, essay, fiction, poetry. Bedridden with polio at twenty-five, he wrote *Lettres de ma cambuse*, which was published in 1964 and awarded the Prix Mottard of the Académie Française, as well as an international prize for the short story. Philombe has also written two novels: *Sola ma chérie* (1966) and *Un Sorcier blanc à Zangali* (1966). *Hallalis*, a collection of his poems, won first prize in a competition organized by the Société des Poètes et des Artistes de France. In 1960 Philombe founded the Association des Poètes et des Écrivains Camerounais, which, in 1971, published his comedy *Les Époux célibataires*.

His poem "Civilisation" was anthologized in the collection edited by Lilyan Lagneau-Kesteloot, *Neuf poètes camerounais* (1965). "Élégie à l'Afrique" and "Prière tellurique" were published in the American review *Arts d'Afrique* (vol. 3, no. 1, Fall 1969).

Okala Alene was also born in Cameroon in 1930. His poetry is free of European influence, his inspiration drawn directly from the simple folk poetry of his native country, as is evident in "Plainte d'une femme," which appeared in *Neuf poètes camerounais*.

Although born in Basse-Terre, the principal town of Guadeloupe, in 1932, **Jocelyne Étienne** has spent a good part of her life in the Ivory Coast, where she has held various government positions related to the country's artistic and intellectual affairs. She is presently writing a doctoral thesis in anthropology, at the Musée de l'Homme in Paris, on Ivory Coast arts and crafts. Some of her work appears in the journal *Présence africaine*. She has kindly granted us permission to publish two poems, "Exil" and "Festival," which appear here for the first time.

François-Borgia Marie Evembé was born in Cameroon in 1938. He has worked in Europe as a journalist; in his own country he has been employed in the Ministry of Information. In 1968 his novel, *Sur la terre en passant*, was awarded the Grand Prix Littéraire de l'Afrique Noire. "Nostalgie," the poem printed here, was first published in *Arts d'Afrique* (vol. 1, no. 4, Summer 1968).

Yambo Ouologuem's poem "A mon mari," appeared in *Nouvelle Somme de poésie du monde noir*, number 57 of *Présence africaine*, 1966. For information on Yambo Ouologuem, see page 8.

Charles Ngandé, who was ordained into the priesthood in 1962, has been a member of the editorial staff of the important Cameroonian review *Abbia* since it was founded in 1963. It was in *Abbia* that his articles and verse were first published. Two of his poems, "Indépendance" and "Nous partirons," are printed here from the Lagneau-Kesteloot anthology, *Neuf poètes camerounais*.

2	**fier** proud (cf. *la fierté*)
	savane (f.) tropical grassland
4	**bord** (m.) bank, edge
7	**répandre** *here:* to spill
8	**sueur** (f.) sweat (cf. *suer*)
13	**se courber** to bend over, bow (*la courbe* curve)
14	**poids** (m.) weight
15	**à = avec**
	zébrure (f.) stripe (cf. *zébrer, le zèbre*)
16	**fouet** (m.) whip (cf. *fouetter*)
20	**se faner** to fade, wither
21	**repousser** *here:* to grow again
24	**amer** harsh, bitter (cf. *l'amertume*)
	saveur (f.) taste

David Diop

Afrique

à ma Mère

Afrique mon Afrique
Afrique des fiers guerriers dans les savanes ancestrales
Afrique que chante ma grand'mère
Au bord de son fleuve lointain
Je ne t'ai jamais connue   5
Mais mon regard est plein de ton sang
Ton beau sang noir à travers les champs répandu
Le sang de ta sueur
La sueur de ton travail
Le travail de ton esclavage   10
L'esclavage de tes enfants
Afrique dis-moi Afrique
Est-ce donc toi ce dos qui se courbe
Et se couche sous le poids de l'humilité
Ce dos tremblant à zébrures rouges   15
Qui dit oui au fouet sur les routes de midi
Alors gravement une voix me répondit
Fils impétueux cet arbre robuste et jeune
Cet arbre là-bas
Splendidement seul au milieu de fleurs blanches et fanées   20
C'est l'Afrique ton Afrique qui repousse
Qui repousse patiemment obstinément
Et dont les fruits ont peu à peu
L'amère saveur de la liberté.

     renégat (m.) turncoat, renegade

1   **aux dents . . . aux lunettes . . . au smoking à revers** Note this multiple use of *à* in the sense of "with."

4   **smoking** (m.) dinner jacket

     revers (m.) *here:* lapel

5   **piailler** to chirp, squeal

     susurrer to murmur, coo

     plastronner *here:* to puff out one's chest, strut about (*le plastron* shirt front)

7   **tu nous fais pitié** we feel sorry for you

9   **serein** calm, serene

10 **case** (f.) hut

13 **repu** satiated, fed up (past part. of *repaître*)

14 **caisse** (f.) *here:* drum

     surmonter to rest upon

15 **fouler** to tread

16 **rythmer** to beat time to (cf. *le rythme*) (As in this case, *rythmer* regularly takes a direct object.)

1   **fauve** (m.) wild beast

2   **mangue** (f.) mango

4   **piment** (m.) pepper, pimiento

9   **chaleureux** passionate, heated (cf. *la chaleur*)

     *hanche (f.) hip

Le Renégat

Mon frère aux dents qui brillent sous le compliment hypocrite
Mon frère aux lunettes d'or
Sur tes yeux rendus bleus par la parole du Maître
Mon pauvre frère au smoking à revers de soie
Piaillant et susurrant et plastronnant dans les salons de la condescen-   5
    dance
Tu nous fais pitié
Le soleil de ton pays n'est plus qu'une ombre
Sur ton front serein de civilisé
Et la case de ta grand'mère   10
Fait rougir un visage blanchi par les années d'humiliation et de Mea
    Culpa[1]
Mais lorsque repu de mots sonores et vides
Comme la caisse qui surmonte tes épaules
Tu fouleras la terre amère et rouge d'Afrique   15
Ces mots angoissés rythmeront alors ta marche inquiète
Je me sens seul si seul ici!

Rama Kam

Chant pour une négresse

Me plaît ton regard de fauve
Et ta bouche a la saveur de mangue
       Rama Kam
Ton corps est le piment noir
Qui fait chanter le désir   5
       Rama Kam
Quand tu passes
La plus belle est jalouse
Du rythme chaleureux de ta hanche
       Rama Kam   10

---

[1]*Mea Culpa* Mots latins signifiant « par ma faute », tirés de la prière catholique qui
précède la confession des péchés.

13 **tendu** *here:* taut
    sexe (m.) *here:* phallus
14 ***haleter** to gasp, pant
    bondir to leap (cf. *le bond*)
18 **éclair** (m.) lightning flash

Quand tu danses
Le tam-tam Rama Kam
Le tam-tam tendu comme un sexe de victoire
Halète sous les doigts bondissants du griot[2]
Et quand tu aimes   15
Quand tu aimes Rama Kam
C'est la tornade qui tremble
Dans ta chair de nuit d'éclairs
Et me laisse plein du souffle de toi
      O Rama Kam!   20

QUESTIONS

« Afrique »

1. Suivez le développement de ce poème à travers les trois sections dans lesquelles on peut le diviser: vers 1–11, 12–16, 17–24.
2. Quel contraste le poète fait-il ressortir entre les « fiers guerriers . . . que chante ma grand'mère » (vers 2–3) et l'évocation du sang, de la sueur, du travail, et de l'esclavage dans les vers suivants?
3. Comment la question que le poète pose à l'Afrique (vers 13–16) sort-elle directement du contraste établi dans les vers précédents?
4. Étudiez la métaphore qui exprime la réponse que l'Afrique offre au poète. Quelles sont les « fleurs blanches et fanées » (vers 20)? Pourquoi la « saveur de la liberté » (vers 24) a-t-elle un goût amer?

« Le Renégat »

1. Étudiez, à travers les vers 1–9, la description physique que fait le poète de son « frère » renégat. Dégagez-en les nombreux éléments ironiques et sarcastiques.
2. Comment le renégat représente-t-il, dans cette description, un conflit entre deux cultures, deux civilisations?
3. Pourquoi le poète l'appelle-t-il « mon pauvre frère » (vers 4)? Quelle est ici la force de l'adjectif « pauvre »?
4. « Tu nous fais pitié » (vers 7). Expliquez l'emploi du pronom pluriel « nous ».
5. Expliquez la métaphore qui sert de base aux vers 10–12.
6. Selon le poète, quel sera le châtiment final du renégat?
7. Quel effet spécial le poète cherche-t-il à créer dans le dernier vers? Comment le vers précédent révèle-t-il cette intention?

[2]Voir « Joal », p. 171, note 14.

« Rama Kam »

1. La construction de ce petit poème est très logique. Étudiez toute la progression d'idées, à partir du regard de Rama Kam (vers 1) jusqu'à sa façon d'aimer (vers 15–20).
2. Expliquez la métaphore par laquelle le poète décrit cette façon d'aimer.
3. Étudiez la riche sensualité du poème. Quels sens du poète sont charmés par la beauté de Rama Kam?
4. Dégagez du poème ses éléments strictement noirs.

1   **ténèbres** (f. pl.) darkness
    sain wholesome, healthy (cf. *la santé*)
2   ***hutte** (f.) hut
12 **doucher** to shower (cf. *la douche*)
13 **bavard** babbling (cf. *bavarder*)
14 ***harnacher** to rig out (*le harnais* harness)

René Philombe

Civilisation

Ils m'ont trouvé dans les ténèbres saines
de ma hutte de bambou
ils m'ont trouvé
vêtu d'obom³ et de peaux de bête
avec mes palabres⁴   5
et mes rires torrentiels
avec mes tam-tams
          mes gris-gris⁵
                    et mes dieux

O pitié! Qu'il est primitif!   10
Civilisons-le!...
Alors ils m'ont douché la tête
dans leurs livres bavards
puis ils m'ont harnaché le corps
de leurs gris-gris   15
à eux
puis ils ont inoculé
dans mon sang
dans mon sang clair et transparent
et l'avarice   20
et l'alcoolisme
et la prostitution
et l'inceste
et la politique fratricide...

Hourra!...   25
Car me voilà un homme civilisé!

³obom   Étoffe fabriquée de l'écorce (bark) fibreuse de certains arbres, et dont on faisait
autrefois des vêtements.
⁴Voir « Sarzan », p. 39, note 25.
⁵Voir « Sarzan », p. 37, note 23.

4   **naguère** lately, not long ago
5   **deuil** (m.) mourning
8   **esclaffement** (m.) guffaw (cf. *s'esclaffer*)
11 **foyer** (m.) hearth, fireside
12 **frétiller** to quiver
    allègre sprightly, cheerful
    frénésie (f.) madness, frenzy
16 **mendicité** (f.) begging (cf. *mendier, le mendiant*)
19 **cupide** avaricious (cf. *la cupidité*)
20 **arpenter** to survey, measure (*l'arpenteur* surveyor)
21 **savane** (f.) tropical grassland
22 **tentaculaire** *here:* expansive (i.e., stretching out like tentacles)
23 **ensanglanté** blood-stained (cf. *sanglant, le sang*)
    râle (m.) death rattle
24 **sempiternellement** forever
26 **vorace** ravenous, voracious
28 **ravir** to rob of
31 **grenouillère** (f.) marsh, swamp (*la grenouille* frog)

Élégie à l'Afrique

Quel crime as-tu commis
Afrique
pour devenir le plus triste des continents
Afrique où pourtant naguère
même par les nuits noires de deuil   5
s'allumaient tes bamboulas[6] toutes blanches
de chants
d'esclaffements
de battements de mains
d'ayenga[7] incantatoires   10
autour des foyers
frétillants d'allègres frénésies?

Quel crime as-tu commis
Afrique
pour exhiber des mains tremblantes   15
de mendicités
Afrique pauvre dans l'opulence
Afrique où pourtant naguère
l'œil cupide des explorateurs
n'arpentait pas longtemps tes forêts vierges   20
tes savanes et tes déserts
sans contempler des trésors tentaculaires?

Et te voici ensanglantée de râles turbulents
sempiternellement à genoux
devant mille dieux mercenaires   25
et voraces
et despotiques!...

Ils t'ont ravi les délices de Monomotapa[8]
pour faire de toi
Afrique pauvre dans l'opulence   30
une grenouillère des « frère-mangé-frère »!...

---

[6]*bamboula* Danse africaine et antillaise, qui prend son nom d'une sorte de petit tambour qui l'accompagne.
[7]*ayenga (ou oyenga)* Cri de joie traditionnel.
[8]*Monomotapa* Nom porté par le chef d'un grand empire bantou du sud de l'Afrique — et par l'empire lui-même — établi au 9e siècle. Ce vaste royaume, dont la richesse minière avait attiré les Portugais dès le 16e siècle, tomba peu à peu en décadence au siècle suivant, ses restes devenant finalement un protectorat du Portugal.

34   **coup** (m.) **de foudre** clap of thunder
35   **coup de chien** *here:* uprising (This is a figurative use of a nautical expression describing a sudden storm.)
36   **coup de tête** impulsive act
38   **coup de théâtre** dramatic surprise, sudden change
42   **inébranlable** unshakeable, firm (cf. *ébranler*)
43   **bouffir** to puff up, swell
46   **caïman** (m.) crocodile
51   **déchu** degraded, fallen (past part. of *déchoir*, to decline)

     tellurique terrestrial, concerning the earth
2   **fouler** tread

Et te voici malade de tous les coups
jamais vus
coups de vent et coups de foudre
coups de canon et coups de chien   35
coups de tête et coups de folie
coups de sécession et coups d'annexion
coups de théâtre et coups d'état endémiques...

Et te voici
Afrique   40
malade de tous les coups mortels!

Afrique des pyramides au pied inébranlable
Afrique des masques bouffis de mystères
Afrique des tabous et des totems-sentinelles[9]
Afrique des njounjou[10] et des tambours magiques   45
Afrique des hommes-caïmans et des hommes-panthères
Afrique où les Morts ne dorment que d'un œil
ne plus croire en ces Dieux redoutables
mais blasphémés
mais torturés   50
mais déchus
parce que pacifiques!...

Quel crime as-tu commis
Afrique
dis-le moi   55
pour devenir le plus triste des continents
et le plus noir
Afrique où pourtant rit le soleil
de toutes ses dents incandescentes?

Prière tellurique

Sol d'Afrique Sol

Laisse-moi te fouler un instant
un seul instant encore

[9]Voir « Le Totem », p. 171, note 18.
[10]*njounjou*   Amulette religieuse.

5 **feu follet** will-o'-the-wisp
14 **bouillonner** to seethe, bubble (*bouillir* to boil)
15 **sève** (f.) sap
17 **engloutir** to swallow up
19 **pousser** *here:* to utter, put forth
29 **case** (f.) hut
incolore colorless (cf. *la couleur*)

et me réchauffer les jambes
au feu follet de tes morts   5

Sol d'Afrique Sol

Dans l'urne profonde de ton sein
chante un soleil vierge et séminal
qu'il m'éclaire
ô Sol ensoleillé d'Afrique   10

Sol d'Afrique Sol

Ouvre-moi les temples de ta jungle
de ta jungle de feu
où bouillonne
la mer inexplorée de tes sèves   15

Sol d'Afrique Sol

Ne m'engloutis pas
déjà
laisse-moi pousser un instant
un seul instant encore   20
le plus beau tam de mon tam-tam
pour dire
à ces hommes couleur de fantôme
qu'ils peuvent devenir
moi   25
sans noircir
et moi devenir EUX
sans blanchir

sous la case incolore de la Fraternité

QUESTIONS

« Civilisation »

1. Qui sont en réalité les personnages de ce petit drame poétique? A qui
   les pronoms « ils » et « me » se rapportent-ils?
2. Quelle sorte de tableau le poète évoque-t-il dans la première section du
   poème (vers 1–9)?

3. Comment les vers suivants soulignent-ils, par contraste, la nature de ce tableau?
4. Étudiez les nombreux éléments ironiques de ce poème.

« Élégie à l'Afrique »

1. Comment ce poème répète-t-il, à sa manière, le message fondamental de « Civilisation »?
2. Comparez les deux premières sections de ce poème (vers 1–12, 13–22). Dans toutes les deux le poète se plaint de la condition de son continent. Quelles sont les différences?
3. Quels sont les « mille dieux mercenaires » dont parle le poète (vers 25)? Comment les deux sections suivantes (vers 28–38) développent-elles cette image?
4. Comparez le mot « Dieux » (vers 48) au mot « dieux » (vers 25). Expliquez la différence d'orthographe.
5. Étudiez l'emploi de la personnification à travers ce poème.
6. Pourquoi ce poème est-il une « élégie »? Mérite-t-il ce titre?

« Prière tellurique »

1. Expliquez l'allusion aux morts (vers 5). Quel rôle jouent-ils dans les aspirations du poète?
2. Sous quelles autres formes imagées le poète fait-il appel à l'inspiration tirée du sol africain (vers 6–15)?
3. Pour quelle mission positive le poète cherche-t-il cette inspiration?
4. Comparez ce poème aux deux autres du même poète. Quelle différence essentielle voyez-vous dans le message de celui-ci?

	plainte (f.) lament, complaint (cf. *plaindre, se plaindre*)
1	**puiser** to draw (water) (*le puits* well)
2	**grouiller** *here:* to grumble
11	**à l'amont** upstream, upriver (The more common expression is *en amont*, often used with its opposite, *en aval*.)
17	**mets** (m.) food, dish
	arroser *here:* to baste, sprinkle with fat (or other liquid)

Okala Alene

Plainte d'une femme

Je vais puiser de l'eau
Mon mari grouille de jalousie
Je vais chercher du bois
Mon mari grouille de jalousie,
Que faire donc mon mari   5
Pour te prouver ma fidélité?
Moi, pauvre ta compagne
Qui ne sait pêcher
Ni carpe
Ni crabe   10
Que l'on pêche à l'amont!
Que faire donc mon mari,
O toi que j'aime!
Je ne sais que faire
Homme que j'ai aimé   15
Je t'offrirai
Mets arrosés de poisson fumé!
Que faire donc mon mari
Pour te prouver ma fidélité?
Que suis-je donc pour toi: 20
Ta meilleure partie
La fleur de ta passion
Si je partais en pays des mânes[11]
M'y rejoindrais-tu?

[11]Voir « Sarzan », p. 35, note 22.

QUESTIONS

« Plainte d'une femme »

1. De quoi la femme de ce poème se plaint-elle?
2. Quelles sont les occupations domestiques de cette femme?
3. A quelle extrémité pourrait-elle aller dans son désir de prouver sa fidélité à son mari?
4. Comment la dernière question (vers 24) suggère-t-elle que la femme semble douter d'une fidélité égale chez son époux?

1   **joncher** to strew
     sou (m.) French equivalent for a penny (The coin is no longer in use.)
2   **tirelire** (f.) little bank, money box
3   **abandonner** *here:* to give away, relinquish
     sans compte *here:* freely, without demanding a reckoning (*le compte* account)
4   **bleuter** to make bluish (cf. *bleu*)
     colibri (m.) hummingbird
5   **baiser** (m.) kiss
     longer to skirt, run along
6   **poursuite** (f.) pursuit (cf. *poursuivre*)
7   **éclater** to explode (cf. *l'éclat*)
8   **éclabousser** to splash, spatter
10   **sable** (m.) sand
11   **à contre-sang** *(coined expression)* contrary to the demands of the blood (i.e., race) (The expression is modeled after such terms as *à contre-cœur* [unwillingly], *à contre-courant* [against the current], etc.)
12   **enchaîner** to chain (cf. *la chaîne*)
     entraîner to drag away
13   **tituber** to stagger, reel
     à vif stinging, painful (This expression is generally used to suggest extreme physical sensitivity; e.g., *une plaie à vif* [a raw wound], *des nerfs à vif* [exposed nerves].)

1   **attente** (f.) waiting (cf. *attendre*)
2   **lueur** (f.) glimmer
     éclat (m.) *here:* flash (cf. *éclater*)
3   **enfin** *here:* in a word, in short (The literal meaning of *enfin* [finally] is also applicable in this context.)

Jocelyne Étienne

Exil

Je laisse à d'autres le ciel jonché de petits sous[12]
tirelire de nos grand-mères
abandonnée au temps sans compte
je ne veux plus de l'air bleuté de colibris
je laisse à d'autres le doux-acide des baisers longeant les plages   5
à la poursuite du goût perdu des raisins bord-de-mer
et les hibiscus[13] de sang éclaté
sur le feuillage éclaboussé au bord des routes.

Je laisse à d'autres mes bonheurs
filtrés entre les doigts comme un sable brûlant   10
et je m'en vais à contre-sang
enchaînée au présent qui m'entraîne
titubante de renoncements à vif.

Festival[14]

Longue attente
d'une lueur d'un éclat
d'une Afrique enfin!

[12]Cette description imagée du ciel plein d'oiseaux rappelle une devinette (*riddle*) créole traditionnelle. On pose la devinette ainsi: « Un grand tapis bleu jonché de petits sous, qu'est-ce que c'est? » Et on répond: « Le ciel ».
[13]*hibiscus* Arbre tropical dont une variété, répandue aux Antilles, a de très belles fleurs d'un rouge vif.
[14]Ce poème a été inspiré par des événements survenus pendant le premier Festival Mondial des Arts Nègres, tenu à Dakar en 1966.

5   **dresser** *here:* to raise, hold high
6   **craquer** to crackle
9   **las** tired (cf. *lasser*)
10 **rencontre** (f.) encounter, coming together (cf. *rencontrer*)
15 **cortège** (m.) procession
17 **guindé** *here:* stiffly dressed, stilted
24 **fond** (m.) *here:* background
25 **dépayser** to put out of place, out of one's element (cf. *le pays*)
26 **pastille** (f.) lozenge

Seuls les drapeaux n'avaient pas peur
de dresser la tête   5
et de craquer d'impatience.

Le reste
long palabre[15] de mots morts
long silence de rythmes las
et pourquoi pas la rencontre?   10
mais des pas parallèles
des langues parallèles
des nègres parallèles!

Les routes menaient à de grandes clameurs de danses pourtant
les cortèges officiels à de grands balcons fleuris   15
de fleurs d'Europe
guindés d'habits et de modes d'Europe
et les mains battaient
non plus le rythme des tam-tams
mais celui   20
des bravos d'Europe.

De l'âme nègre
il ne restait là-bas
au fond de l'immense scène
qu'un pas de danse dépaysé   25
dans sa pastille de lumière.

QUESTIONS

« Exil »

1. Étudiez la construction métaphorique des quatre premiers vers.
2. Commentez la variété des choses (concrètes, abstraites) que la poétesse
   antillaise « laisse à d'autres ».
3. Comment le titre résume-t-il tout le poème? Comment les trois derniers
   vers expliquent-ils la sorte d'« exil » dont il s'agit?
4. Quel rôle la vision typiquement idyllique des Antilles joue-t-elle dans cet
   « exil » volontaire?

[15]Voir « Sarzan », p. 39, note 25. Le nom *palabre*, ordinairement du genre féminin se
trouve quelquefois au masculin, comme ici, dans le parler africain et antillais.

« Festival »

1. Comment les trois premiers vers annoncent-ils le thème du poème? Quel espoir la poétesse avait-elle mis dans le Festival en question?
2. Expliquez la personnification des drapeaux (vers 4–6). Comment annoncent-ils la désillusion éprouvée pendant le Festival, et qui sera exprimée dans le reste du poème?
3. De quoi la poétesse se plaint-elle dans les vers 7–13? Qu'est-ce qu'elle veut suggérer par l'emploi répété du mot « parallèles »?
4. Quelle est l'accusation lancée dans les deux dernières sections du poème (vers 14–26)? Comment la répétition de l'expression « d'Europe » souligne-t-elle cette accusation?
5. Étudiez l'effet nostalgique qui domine la dernière section.
6. Après une lecture de tout le poème, quel est l'effet produit par son titre?

2	**fouetter** *here:* to stir up, excite (*le fouet* whip)
8	**auréoler** to surround with a halo (cf. *l'auréole*)
13	**partie** (f.) *here:* gathering
16	**clair** (m.) **de lune** moonlight
	ternir to dull, tarnish
19	**éperdu** frantic, violent
20	**couler** to flow
25	**nue** (f.) cloud (This noun, generally found in the plural, is most commonly used in poetic and figurative contexts. The present use is modeled after the expression *porter quelqu'un aux nues,* to praise someone to the skies.)

François-Borgia Marie Evembé

Nostalgie

  Temps silhouetté
  Temps fouetté
  Je te veux.
Sur ton visage couleur d'infini
Quand le tam-tam de bois   5
Rythmait toute chose de la vie
Une vision à présent disparue
T'auréolait parfois.
   Temps fouetté
   Je te veux... Avec les   10
Soirs en forme de bouches qui rient
Quand le tam-tam de bois
Rythmait les innocentes parties
Soirs de contes, de silence absolu,
Venez que je vous voie.   15

Sur ton corps aux clairs de lune ternis
— Quand le tam-tam de bois
  Rythmait les échos des forêts vieillies
  De rythmes de danses éperdues —
L'amour coulait parfois.   20
   Temps silhouetté
   Je te veux... Avec les
Jours nostalgiques d'un bonheur simple et fleuri
Quand le tam-tam de bois
Rythmait aux nues nos philosophies,   25
Jours majestueux, jours qui ne sont plus
Venez, habitez-moi.

QUESTIONS

« Nostalgie »

1. Quelle est la valeur de l'adjectif « silhouetté » (vers 1)? Quelle qualité le poète veut-il donner au nom « temps », que cet adjectif qualifie?
2. Cette apostrophe au temps passé est construite sur un parallélisme évident entre ses deux parties (vers 4–15, 16–27). Quels sont les éléments de ce parallélisme?
3. Quel contraste implicite le poète fait-il entre le temps passé et le temps présent?
4. Étudiez la variété d'expériences sensuelles et physiques auxquelles il fait appel dans cette évocation nostalgique.
5. « Venez, habitez-moi » (vers 27): Puisque tout vrai retour au passé est impossible, quel est, en effet, le sens de cette invitation aux jours disparus?

4   **service** (m.) **de table** table setting
6   **époux** (m.), **épouse** (f.) spouse (cf. *épouser*) (The noun *épouse* has a more elegant sound than the simple word *femme*, meaning "wife".)
9   **louche** (f.) ladle
12 **paterne** gentle, benevolent
13 **préciser** to specify, insist (cf. *précis*)
15 **à la demande des tropiques** as the tropics require
18 **bouder** to pout, sulk

Yambo Ouologuem

A mon mari

Tu t'appelais Bimbircokak
Et tout était bien ainsi
Mais tu devins Victor-Émile-Louis-Henri-Joseph
Et achetas un service de table

J'étais ta femme   5
Tu m'appelas ton épouse
Nous mangions ensemble
Tu nous séparas autour d'une table

Calebasse[16] et louche
Gourde et couscous[17]   10
Disparurent du menu oral
Que me dictait ton commandement paterne

Nous sommes modernes précisais-tu

Chaud chaud chaud est le soleil
A la demande des tropiques   15
Mais ta cravate ne quitte
Point ton cou menacé d'étranglement

Et puisque tu boudes quand je te rappelle ta situation
Eh bien n'en parlons plus mais je t'en prie
Regarde-moi   20
Comment me trouves-tu

[16]Voir « Les Mamelles », p. 11, note 8.
[17]couscous   Plat africain caractéristique à base de blé dur, servi avec de la viande et des
légumes.

22   **raisin** (m.) grape

       pain (m.) **d'épice** gingerbread

33   **je ne m'y connais pas en finances** I'm not an expert in money matters (The usual expression is *se connaître en quelque chose;* the redundant addition of the pronoun *y* is somewhat colloquial.)

37   **sous-alimenté** undernourished (cf. *l'aliment*)

Nous mangeons des raisins du lait pasteurisé du pain d'épice
D'importation
Et mangeons peu
Ce n'est pas ta faute   25

Tu t'appelais Bimbircokak
Et tout était bien ainsi
Tu es devenu Victor-Émile-Louis-Henri-Joseph
Ce qui
Autant qu'il m'en souvienne   30
Ne rappelle point ta parenté avec
Roqueffelère
(Excuse mon ignorance je ne m'y connais pas en finances et en
Fétiches)[18]
Mais vois-tu Bimbircokak   35
Par ta faute
De sous-développée je suis devenue sous-alimentée.

QUESTIONS

« A mon mari »

1. Comment les trois premières strophes de ce poème (vers 1–12) annoncent-elles son thème?
2. Expliquez le contraste voulu dans ces vers entre l'imparfait et le passé défini.
3. A votre avis, que pense la femme de la «modernité» dont se vante son mari pour expliquer sa conduite (vers 13)?
4. Que pense-t-elle de sa façon de s'habiller? de leur nourriture actuelle?
5. De quelle sorte de « fétiches » s'agit-il, croyez-vous (vers 34)? Faut-il entendre le mot dans son sens religieux?
6. Comment le dernier vers développe-t-il une idée déjà suggérée plusieurs fois à travers le poème?
7. Imaginez la réponse du mari à ces accusations de la femme.
8. Étudiez l'humour de ce poème. Dégagez-en les éléments sérieux.

[18]Voir « Sarzan », p. 39, note 26.

2   **perdrix** (f.) partridge
8   **fracasser** to shatter (*le fracas* noise, din)
    crâne (m.) skull
9   **aïeul** (m.) grandfather, ancestor
12 **mouton** (m.) sheep
14 **repimenter** to spice up again (*le piment* pepper)
16 **errer** to wander
18 **étape** (f.) *here:* day's march

Charles Ngandé

Indépendance[19]

Nous avons pleuré toute la nuit
Jusqu'au chant de la perdrix
Jusqu'au chant du coq
Nous avons pleuré toute la nuit
O Njambé[20] tu étais pourtant là   5
Quand on coupait des oreilles
Quand on coupait le cordon ombilical de notre clan
Quand on fracassait le crâne de notre Ancêtre
Quand on brûlait le chasse-mouche de notre aïeul.[21]
Ina[22] ô ô ô ô!   10
Où retrouver la tombe de l'Ancêtre
Perdus nous étions comme mouton qui casse sa corde.
Ina ô ô ô ô!
Dans quelle source repimenter notre sang
Perdus nous étions comme pauvre chien bâtard   15
Errant sur la place du marché!

Nous avons pleuré toute la nuit
L'étape a été longue
Et la perdrix a chanté timidement

---

[19]Le territoire oriental du Cameroun avait déclaré son indépendance de la tutelle (*protection*) française en 1960, formant une république, l'année suivante, avec une partie du territoire britannique.

[20]*Njambé* Divinité suprême dans la religion animiste des Bakoko, peuple bantou du Cameroun. Le nom se trouve sous plusieurs formes — Niamié, Niambé, Nzambi, etc. — dans toute la partie ouest du bassin congolais, et ne semble pas sans rapport avec le *zombi* antillais, génie malfaisant passé dans le folklore occulte.

[21]Le chasse-mouche, généralement fait de feuilles de raphia, est une marque d'autorité parmi les Bakoko, emblème spécial des membres de la société secrète vouée à N'Gué, dieu-génie de la terre.

[22]*ina* Mot bakoko pour mère.

20   **brouillard** (m.) fog (*brouiller* to mix up, confuse)
22   **aurore** (f.) dawn
      aux dents de balafons Note the idiomatic use of the preposition *à*.
23   **s'est tu** became silent (past indefinite of *se taire*)
24   **s'éteindre** to be extinguished
27   **grelot** (m.) little bell
      savane (f.) tropical grassland
28   **deuil** (m.) mourning
      case (f.) hut
31   **se terrer** to dig in, burrow (cf. *la terre*)
      enclos (m.) enclosure
32   **fusil** (m.) rifle (*fusiller* to shoot down)
35   **os** (m.) bone
      poussiéreux dusty, powdery (cf. *la poussière*)
36   **gambader** to jump about (*la gambade* skip, jump)
38   **ourler** to sew on (as a border) (*l'ourlet* hem)
40   **gosier** (m.) throat, gullet
41   **clamer** to cry out (cf. *la clameur*)
      aube (f.) dawn
50   **nombril** (m.) navel
52   **carquois** (m.) quiver (for arrows)
53   **en jachère** lying fallow, unproductive (*la jachère* fallow land)
54   **croupe** (f.) croup, lower back (This noun usually refers to horses and other riding
          animals.)
      étoile filante shooting star, meteorite
55   **crépiter** to crackle

Dans un matin de brouillard   20
Chants illuminés de cataractes d'espérance
Espérance d'une aurore aux dents de balafons.[23]
Et la perdrix s'est tue
Car son chant s'est éteint dans la gorge
D'un Python.   25
Et le tam-tam s'est tu
Et le grelot n'a plus ri sur la jaune savane
Et le deuil a planté sa case dans la cour du village.
Sang! Sang! Sang!
Torrents de sang!   30
Femmes, terrez-vous le soir dans vos enclos :
Le Fusil passe.

Nous avons pleuré toute la nuit
Et le coq a chanté sur la tombe de l'Ancêtre
Ah! ces os poussiéreux   35
       qui se mettent à gambader
       comme des antilopes et comme des gazelles
Njambé, c'est bien toi qui as ourlé
       sur la tête du coq cette langue de soleil parce
       que son gosier roule une cascade de lumière   40
Et le coq a clamé l'aube du grand départ
Et le coq a chanté sur le front de la pirogue[24]
IN-DÉ-PEN-DAN-CE!

       Venez, filles de mon peuple
Le soleil s'est levé   45
Voilà la tombe de l'Aïeul
Et le grand fromager[25] des vertes parentalies[26]
Et la source sacrée où nous repimenterons
La force de notre sang.

Et voici le nombril de la grande famille   50
Venez, filles de mon peuple
Vaillants carquois de nos flèches emplumées
Remontez, brisez vos parcs, femmes longtemps en jachère.

Remontez sur la croupe des étoiles filantes
Venez, battez des mains, crépitez et dansez   55

---

[23]Voir « Nouvelle Aurore », p. 215, note 3.
[24]*pirogue* Barque légère.
[25]Voir « Le Crocodile et le Martin-pêcheur », p. 67, note 4.
[26]*parentalies* Fêtes en l'honneur des morts (comparables à celles que célébraient autrefois les Romains).

60   **sanglot** (m.) sob (cf. *sangloter*)
63   **tresser** to braid, weave (cf. *la tresse*)
      couronne (f.) crown
64   **liane** (f.) liana, climbing vine
68   **germer** to sprout, spring up (*le germe* seed, shoot)

3   **aube** (f.) dawn
4   **se faner** to fade
5   **rouiller** to rust (cf. *la rouille*)
7   **cerner** to surround, hem in
8   **gangrené** rotting, gangrenous (cf. *la gangrène*)
9   **tamtamer** *(coined word)* to beat the tom-tom for
11   **reverdir** to grow green again (cf. *vert, la verdure*)
      moignon (m.) stump
      malhabile awkward (cf. *habile*)
12   **paisse** pres. subj. of *paître,* to pasture, graze
13   **mioche** (m.) *(colloquial)* urchin
      cerceau (m.) hoop
19   **case** (f.) hut

Sur un pied, sur deux pieds, sur trois pieds
Tambours, grelots, bois sec
Grelots, tambours, bois sec
Rythmez les mâles vibrements d'un peuple qui se lève
Que vos rires se mêlent aux antiques sanglots. 60

Hommes de mon peuple
Venez tous, venez toutes
Nous allons tous tresser une même couronne
Avec la liane la plus dure de vierge forêt
Sous le grand fromager où nous fêtions nos parentalies 65
Et le soir, nous danserons autour du même feu
Parce qu'ensemble, sur la tombe de l'Aïeul,
Nous aurons fait germer une grande Cité.

Nous partirons

Nous partirons
Par-delà les cactus
Nous partirons à l'aube
Avant que ne se fanent les étoiles
Avant que ne rouillent les mots 5
Nous partirons
A travers les sentiers cernés par les quartiers
Gangrenés
Tamtamer la Grande Joie
Pour qu'exulte le sein stérile 10
Pour que reverdissent les moignons malhabiles
Que le Lion paisse avec l'Agneau[27]
Que le mioche fasse rouler son cerceau
Nous partirons
Tamtamer la Grande Joie 15
Des sauvés
Pour que tous
Mangent le même couscous[28]
Dans la case de l'Amour.

[27]Ce vers, surtout dans le contexte donné, semble rappeler un célèbre passage du *Livre d'Isaïe*: « Le loup habitera avec l'agneau, et la panthère gîtera avec le chevreau; le veau, le lionceau et le bœuf gras seront ensemble, et un petit garçon les conduira » (XI, 6).
[28]Voir « A mon mari », p. 275, note 17.

QUESTIONS

« Indépendance »

1. Comment le langage métaphorique des quatre premiers vers de ce poème suggère-t-il l'intention de peindre un tableau symbolique du peuple camerounais, depuis sa subjugation jusqu'à son indépendance?
2. Dans ce tableau, les vers 5–16 représentent, sans doute, la conquête des indigènes par les étrangers européens. Dégagez les éléments de ce tableau qui soulignent cette subjugation physique et morale.
3. Expliquez l'invocation à Njambé (vers 5). Trouve-t-on dans le mot « pourtant » un ton légèrement accusateur?
4. Comment la deuxième section (vers 17–32) semble-t-elle dépeindre la période coloniale, ponctuée par les espérances déçues sous divers maîtres européens? Étudiez le riche langage métaphorique de cette section.
5. Quelle période nouvelle est représentée par la troisième section (vers 35–43)? Expliquez les images.
6. Quelles qualités distinguent le reste du poème (vers 44–68) des vers qui précèdent? Quel ton y domine? Quel message annonce-t-il?
7. « Voilà la tombe de l'Aïeul » (vers 46). Ce vers semble répondre à une question posée dans la première section. Laquelle?
8. Trouvez un parallélisme semblable entre les vers 48–50 et d'autres vers antérieurs.
9. Comment le poète met-il en relief, à travers le reste du poème, l'idée de solidarité raciale?
10. Étudiez la conclusion mouvementée du poème (vers 54–68). Quel effet le poète veut-il créer?

« Nous partirons »

1. Comment peut-on interpréter ce court poème comme la lutte symbolique de l'idéal contre des valeurs négatives?
2. Pourquoi, à votre avis, le poète précise-t-il que c'est «à l'aube» (vers 3) que commencera ce voyage rédempteur?
3. Dans la vision du poète, quel côté sortira victorieux de la lutte qu'il envisage?
4. Commentez la simplicité de la métaphore qui termine le poème (vers 17–19). Comment s'accorde-t-elle avec le sens du message que le poète veut annoncer?

SUJETS DE DISCUSSION

1. Comparez les trois poèmes de David Diop du point de vue des moyens employés dans chacun pour affirmer une attitude raciale (sarcasme, ressentiment, mépris, éloge du passé, évocation de la sensualité, etc.).
2. La poésie de Diop est très imagée. Étudiez en détail sa variété et sa virtuosité métaphorique dans les trois poèmes présentés.
3. Étudiez les effets poétiques, les jeux de sonorités, etc., qui marquent ces poèmes.
4. Selon l'échantillon donné, la poésie de Diop se laisse-t-elle comparer — par son style, son message, son langage, etc. — à celle d'autres poètes lus jusqu'ici?
5. Étudiez la nostalgie du passé africain évidente dans les trois poèmes de René Philombe.
6. Comparez cette nostalgie à celle qu'on trouve dans le poème « Afrique » de David Diop.
7. Comparez le poème « Civilisation » de Philombe à certains poèmes de Léon Damas, par rapport au style et au message. Étudiez-y surtout l'emploi d'une ironie mordante chère à Damas.
8. Comparez le message de «Prière tellurique» à celui du poème « Invitation à boire » de Guy Tirolien. Peut-on comparer ce message à celui qu'on trouve chez d'autres poètes lus jusqu'ici?
9. La poésie de Philombe témoigne d'une certaine recherche de virtuosité verbale. Étudiez-la en détail.
10. Étudiez la désillusion comme sujet général des deux poèmes de Jocelyne Étienne. Sur le niveau personnel, comment la déception de ses espoirs, exprimée dans le deuxième, est-elle rendue encore plus profonde par une considération du premier?
11. Comment ces deux poèmes, chacun à sa manière, présentent-ils un conflit entre l'idéal et le réel?
12. Comparez le poème « Exil » à « Adieu ‹Adieu Foulards› » de Guy Tirolien, autre poète guadeloupéen, par rapport à leur vision idyllique des Antilles, leur sentiment racial, leur lyrisme personnel et leur expression poétique.
13. On a déjà comparé la nostalgie du passé africain chez René Philombe et David Diop (question 6). Continuez cette comparaison en tenant compte du poème « Nostalgie » de François-Borgia Marie Evembé.
14. Comparez le portrait du mari, dans le poème « A mon mari » de Yambo Ouologuem, à ceux que font Léon Damas et David Diop, dans « Solde » et « Le Renégat ».
15. Comparez le poème « Indépendance » de Charles Ngandé à « Afrique » de David Diop, autre poème qui dépeint symboliquement le passé africain.

16. Les deux poèmes de Ngandé ouvrent une perspective sur l'avenir. Lequel des deux poèmes semble présenter une vision plus universelle de cet avenir?

17. Comparez les deux poèmes également du point de vue de leur art poétique: complexité, métaphores, vocabulaire, etc.

SUJETS DE DEVOIRS

1. La posture militante comme élément de la poésie noire.
2. La femme dans la poésie noire.
3. Faites une comparaison détaillée entre les poètes antillais et africains.
4. Étudiez la vision de la nature (le sol africain, etc.) chez ces poètes.
5. Le rôle du lyrisme personnel dans l'inspiration des poètes étudiés.
6. Faites le contraste entre les jeunes poètes présentés dans ce recueil et leurs prédécesseurs.
7. Étudiez la virtuosité verbale et stylistique des poètes.

Bibliographie sommaire

Cook, Mercer, and Stephen E. Henderson, *The Militant Black Writer in Africa and the United States* (Madison: University of Wisconsin Press, 1969).

Fanon, Frantz, *Peau noire, masques blancs* (Paris: Éditions du Seuil, 1952).

Jahn, Janheinz, *Muntu: l'homme africain et la culture néo-africaine*, trans. Brian de Martinoir (Paris: Éditions du Seuil, 1958). Published in English as *Muntu: An Outline of the New African Culture*, trans. Marjorie Grene (New York: Grove Press, 1961).

————, *Neo-African Literature: A History of Black Writing*, trans. Oliver Coburn and Ursula Lehrburger (New York: Grove Press, 1969).

Kesteloot, Lilyan, ed., *Anthologie négro-africaine* (Verviers, Belgium: Gérard, 1967).

————, *Les Écrivains noirs de langue française: naissance d'une littérature* (Brussels: Université Libre de Bruxelles, 1963).

Nantet, Jacques, *Panorama de la littérature noire d'expression française* (Paris: Fayard, 1972).

Shapiro, Norman R., ed. and trans., *Négritude: Black Poetry from Africa and the Caribbean* (New York: October House, 1970).

Wake, Clive, ed., *An Anthology of African and Malagasy Poetry in French* (London: Oxford University Press, 1965).

Wauthier, Claude, *L'Afrique des Africains: inventaire de la négritude* (Paris: Éditions du Seuil, 1964).